FACULTÉ DE DROIT DE PARIS

Thèse

POUR

LE DOCTORAT

PAR

Henri-Auguste BARCKAUSEN

PARIS
IMPRIMERIE DE E. DONNAUD
RUE CASSETTE, 9

1860

FACULTÉ DE DROIT DE PARIS.

I. ROLE DES INTERDITS DANS LA PROCÉDURE ROMAINE.

II. DE LA TRANSCRIPTION EN DROIT FRANÇAIS

Thèse
POUR LE DOCTORAT

L'acte public sur les matières ci-après sera soutenu le 20 août 1860, à dix heures et demie.

PAR

Henri-Auguste BARCKHAUSEN
Licencié ès-lettres,
Avocat à la Cour impériale de Paris.
Né à Bordeaux (Gironde), le 21 mai 1834.

Président, M. DE VALROGER, Professeur.

Suffragants { MM. PELLAT, MACHELARD, } Professeurs. DURANTON, VERNET, } Agrégé.

PARIS
IMPRIMERIE DE E. DONNAUD
RUE CASSETTE, 9.

1860

I. RÔLE DES INTERDITS

DANS LA PROCÉDURE ROMAINE

---

1. — Le préteur avait organisé dans son Édit, pour protéger les personnes lésées dans leurs droits, deux procédures différentes : celle des *actions* et celle des *interdits*. Dans la première, qui s'appliquait à la plupart des cas litigieux, il n'intervenait que pour nommer un juge, auquel il conférait le pouvoir de condamner ou d'absoudre le défendeur, selon les règles du droit ou d'après certaines circonstances de fait. Dans la seconde, il s'interposait directement entre les parties, et intimait un ordre ou une défense à l'une d'elles ou à toutes les deux, sauf à les renvoyer ensuite devant un juge, en cas de désobéissance. La diversité de son rôle, dans les deux cas, ressortait clairement de la rédaction différente des formules d'actions et des formules d'interdits : les unes se terminaient par la promesse : *actionem, judicium dabo ;* les autres, par les expressions

impératives : *jubeo, veto, restituas, exhibeas, ne... fiat.*

Les monuments de droit romain qui nous sont parvenus nous donnent une foule de détails sur la procédure honoraire ; mais, par un hasard fâcheux, ils ne nous apprennent pas expressément pour quel motif et dans quel but le préteur avait institué une double voie de recours à son autorité. Aussi les commentateurs ont-ils émis, à ce sujet, des opinions diverses, sans se mettre d'accord. Je dirai même qu'on n'arrive pas à des résultats satisfaisants, lorsqu'on cherche à se rendre compte, à l'aide des ouvrages des jurisconsultes modernes, du rôle que les interdits ont joué dans la procédure romaine. Il me semble, au moins, qu'une critique sévère ne saurait accepter aucune des solutions qu'on a proposées jusqu'ici de ce problème. Cependant, si je ne me trompe, les textes du Digeste renferment les éléments d'une solution meilleure, qui n'a rien d'hypothétique, et qui éclaire plusieurs points obscurs du droit romain et de son histoire.

C'est là ce que je me propose de démontrer dans cette thèse. Son premier chapitre sera consacré à l'examen des opinions qu'on a déjà émises pour expliquer la création des interdits ; le second, au développement d'une théorie nouvelle sur ce sujet ; le troisième et dernier, à l'histoire de la procédure des interdits. J'ose espérer que ce travail paraîtra sérieux même à ceux de mes juges qui n'accepteront pas ses conclusions.

CHAPITRE I.

2. — Je commencerai donc par examiner les différentes solutions que les auteurs ont proposées pour le problème que je veux discuter dans ce travail.

Les uns en ont cru trouver une explication satisfaisante dans l'histoire du droit romain ; les autres, dans le caractère général de la procédure des interdits ; les autres, enfin, dans un détail de cette procédure.

Je vais exposer fidèlement ces diverses théories, et les réfuter ensuite, en m'attachant avec un soin particulier à la première. C'est elle que professent la plupart des jurisconsultes modernes et de mes maîtres. Je tiens à prouver à ceux-ci que ce n'est pas sans des raisons sérieuses que je rejette un seul point de leur enseignement.

I.

3. — M. K. A. Schmidt, le dernier auteur, je crois, qui se soit spécialement occupé de la procédure des interdits, développe longuement la théorie suivante. qui est généralement acceptée par les romanistes de notre temps.

Sous le système des actions de la loi, le préteur se serait vu obligé de combler les lacunes de la législation primitive, et, faute d'avoir alors le pouvoir de modifier le droit positif en créant des actions nouvelles, il aurait protégé les droits respectables qui se seraient trouvés sans défense, par des ordres, *decreta* ou *interdicta,* qu'il aurait donnés, dans chaque cas particulier, en vertu de son pouvoir exécutif, de son *imperium* (1).

Cette théorie a deux grands défauts : d'abord, elle ne se fonde que sur des hypothèses gratuites, improbables, et même controuvées ; et puis, elle n'explique pas la persistance des interdits sous le régime de la procédure formulaire, où ils n'auraient été qu'une véritable superfétation.

4. — En premier lieu, et en dehors de toute discussion de textes. je demande comment on peut supposer que les lois romaines n'aient

(1) *Das Interdiktenverfahren der Rœmer* (1853), p. 298-320.

pas réglementé, dès l'origine, les droits que le préteur protégea plus tard par des interdits.

Comment ! les rues, les fleuves, les monuments publics, les tombeaux et les temples auraient été, pendant plusieurs siècles, à la merci des passants ? Quand un malfaiteur aurait chassé quelqu'un, à main armée, de sa maison, celui ci n'aurait pu rentrer chez lui qu'après avoir prouvé judiciairement son droit de propriété ? Enfin, — (Ce qui serait plus grave encore !) — un simple particulier aurait pu arrêter un homme libre, et le retenir indéfiniment captif, sans craindre une répression légale ?

On ne saurait admettre qu'un pareil état de choses ait jamais existé à Rome, et surtout qu'il y ait duré quatre cents ans, jusqu'à l'établissement de la préture. C'est si vrai, que l'un des auteurs qui partagent l'opinion que je combats, M. Bonjean, reconnaît « qu'il n'est pas probable... que les intérêts importants, que nous voyons protégés par les interdits au temps de la jurisprudence classique, aient jamais été à aucune époque, absolument dépourvus de toute protection... » Mais il n'en prétend pas moins qu'on ne les considérait pas comme des droits « reconnus et sanctionnés par la loi positive (1) ». Ces deux asser-

(1) *Traité des Actions* (2e éd.), II, p. 349-350, 357.

tions me paraissent contradictoires pour un pays où la coutume avait force de loi. D'ailleurs, une société peut-elle protéger un intérêt quelconque sans le considérer comme un droit ?

5. — Si la théorie que j'examine ne paraît guère vraisemblable, au premier abord, elle ne le semble pas davantage, lorsqu'on la vérifie à l'aide du témoignage des auteurs latins.

Un discours de Cicéron me fournit contre elle un premier argument. Le grand orateur s'exprime en ces termes dans son plaidoyer pour A. Cæcina, qui demandait l'application de l'interdit *Unde Vi* : « Sed quum de eo jure mihi dicendum sit..... , quod constitutum sit a majoribus, conservatum usque ad hoc tempus....., video summi ingenii causam esse. » (Cap. II) — Cicéron parlerait-il autrement d'une disposition de la loi des XII Tables ? — Et ce passage du *pro Cæcina* n'est pas le seul qui rappelle l'antique origine des règles que le préteur consacrait dans ses interdits.

Aussi je demande aux jurisconsultes, dont je repousse l'opinion, de se rappeler une autre phrase du même discours : « Verumtamen est turpissimum illud, tantæ stultitiæ prudentissimos homines condemnari, ut vos judicetis, hujus rei atque actionis in mentem majoribus nostris non venisse. » (Cap. XIV)

6. — Un autre passage du *pro Cæcina* mérite

également une citation spéciale : « Quid, inquam, prodest fundum habere, si, quæ decentissime descripta a majoribus jura finium, possessionum, aquarum, itinerumque sunt, hæc perturbari aliqua ratione commutarique possunt? » (Cap XXVI) — L'expression *jura possessionum* n'indique-t-elle point que les lois primitives protégeaient à Rome la possession, comme les interdits devaient le faire plus tard ?

Les jurisconsultes modernes le contestent, et M. Bonjean déclare « qu'il est constant que la possession ne fut d'abord qu'un simple fait, méconnu par la loi civile et dépourvu de toute sanction légale (1). » — Mais cette assertion est formellement contredite par les fragments de la loi des XII Tables qui nous sont parvenues. On y voit que la possession qui durait un ou deux ans, transférait la propriété de tous les biens, meubles ou immeubles, et qu'elle servait au mari pour acquérir sur sa femme la puissance maritale. N'est-ce là qu'un fait méconnu par la loi et dépourvu de toute sanction ?

Ce n'est pas tout. Lorsqu'on revendiquait un objet par l'action *sacramenti,* le magistrat commençait par en attribuer la possession intérimaire à l'une des parties. C'est ce qu'on appelait :

(1) E. L., p. 3 7.

vindicias dicere ou *dare*. On prétend, il est vrai, que le magistrat ne suivait pas de règles légales dans cette décision prélimianire. Mais je pense que cette opinion est des plus contestables, puisque la loi des XII Tables punissait la personne qui s'était fait attribuer à tort la possession provisoire de l'objet litigieux ; « si vindiciam falsam tulit.... » (1) — En tout cas, il est certain que, dans les procès où la liberté d'une personne était en jeu, il fallait, dès les premiers temps de la République, trancher la question possessoire en faveur de la liberté. (D. I. II. fr. 2, § 24.)

7. — La théorie que M. Schmidt professe, contredit également tous les textes qui sont relatifs à l'origine de divers interdits.

Ainsi, Pline l'Ancien nous apprend, dans son Histoire Naturelle, que l'interdit *de Glande legenda* reproduisait une disposition de la loi des XII Tables (XVI. 5). Pomponius et Ulpien disent la même chose de l'interdit *de Arboribus cædendis* (D. XLIII. XXVII. fr. 1, fr. 8, § 2). — Quelle lacune le préteur a-t il donc eu à combler dans ces cas? — M. Schmidt assure qu'il a étendu les dispositions de la loi (2). Mais ce n'est là qu'une hypothèse qui n'est fondée sur aucun texte.

(1) Festus, v° *Vindiciæ*.

(2) *Das Interdiktenverfahren*, p. 300.

On peut encore citer ici un fragment de Paul, qui prouve que l'ancien droit prévoyait un cas particulier de l'interdit *Ne quid in loco publico fiat :* «Si per publicum locum rivus aquæductus privato nocebit, erit actio privato ex lege XII Tabularum, ut noxa domino caveatur.» (D. XLIII. VIII. fr. 5.)

8.— Il est un autre fait qu'on ne saurait expliquer dans le système que j'examine : c'est qu'il y avait des interdits pour des cas particuliers qui rentraient dans des cas généraux prévus par le droit civil.

Je citerai, par exemple, l'interdit *de Tabulis exhibendis,* en vertu duquel les personnes intéressées pouvaient se faire représenter les tables d'un testament. — L'action *ad Exhibendum* ne suffisait-elle pas pour atteindre ce but ?

M. Schmidt affirme qu'on ne délivrait cette action qu'aux personnes qui prétendaient à la propriété de l'objet litigieux (1). Mais son témoignage ne saurait prévaloir contre une déclaration formelle et contraire d'Ulpien : «Sciendum est autem non solum iis quos diximus, competere *ad Exhibendum* actionem, verum ei quoque cujus interest exhiberi. Judex igitur summatim debet cognoscere, an ejus intersit, non an ejus res sit, et sic

(1) E. I., p. 299.

jubere vel exhiberi, vel non, quia nihil interest.» (D. X. IV. fr. 3, § 9.) — Sans doute le même jurisconsulte pensait, ainsi que Pomponius, que les personnes qui, sans être héritières du testateur, voulaient se faire représenter un testament, devaient agir par la voie des interdits. Mais il en donne pour raison que les interdits suffisent, «sufficiunt sibi interdicta...» (E. fr. § 8); ce qui indique évidemment que si, en fait, on ne recourait pas à l'action *ad Exhibendum*, en principe, rien n'eût empêché de le faire.

Dans quel but le préteur avait-il donc créé l'interdit *de Tabulis exhibendis?*

9.— L'opinion que je combats n'a pas seulement le tort de supposer des lacunes improbables dans la législation primitive des Romains ; elle se fonde encore sur une seconde hypothèse également gratuite. Elle n'explique, en effet, la création des interdits que si l'on admet que le préteur n'a pas eu primitivement le droit de délivrer les actions *in factum*, dont il se servait plus tard pour combler les lacunes du droit civil. Autrement on ne comprendrait plus que ce magistrat ait imaginé dans un même but deux procédures différentes.

Cette objection, que m'inspire une réflexion de M. Bethmann-Hollweg (1), me paraît des

(1) *Handbuch des Civilprozesses* (1834) I, p. 386.

plus sérieuses. Car je ne saurais admettre avec M. Schmidt (1), que les actions *in factum* ne remontent pas plus haut que la loi Æbutia. Je pense, au contraire, comme M. Ortolan (2), que ces actions naquirent des rapports des citoyens romains et des pérégrins, et qu'elles furent le germe de toute la procédure formulaire.

D'ailleurs, quoi qu'il en soit de ce point, l'opinion contraire n'est qu'une pure supposition.

10.— Enfin, si le préteur n'avait imaginé les interdits que faute de pouvoir créer des actions nouvelles, cette procédure n'aurait plus eu de raison d'être et de se développer, à partir de la loi *Æbutia*. M. Schmidt le reconnaît, puisqu'il dit : « qu'il y avait plus de raisons internes, *innere Gründe*, pour les conserver dans la procédure formulaire, et qu'ils n'étaient plus alors qu'une vaine forme d'introduction d'instance, *ziemlich nutzlose Einleitungsform* (3).» — Ainsi une procédure inutile, compliquée et même périlleuse, si l'on en croit Simplicius (4), se serait maintenue

(1) *Das Interdiktenverfahren*, p. 302.

(2) *Explication historique des Instituts* (5e éd.), II, p. 449-457.

(3) *Das Interdiktenverfahren*, p. 321.

(4) « Magna enim alea est litem ad interdictum deducere, cujus est exsecutio perplexissima. » — *Rei Agrariæ Scriptores* (ed. Gœschen), p. 79.

pendant cinq siècles par un respect superstitieux pour les institutions anciennes.

Cependant, rien n'indique dans les Pandectes, que les interdits ne fussent qu'un débris gênant d'une législation antérieure, lorsqu'ils disparurent sous Dioclétien avec la procédure formulaire. Ils occupent au Digeste une large place, qui correspond à celle qu'ils occupaient dans les ouvrages des jurisconsultes classiques. Nous savons aussi qu'ils avaient été l'objet de traités spéciaux, dont l'un était de Vénuleius qui vivait au temps de Paul et d'Ulpien, et qui s'était particulièrement occupé de procédure.

Mais il est une autre preuve du rôle important des interdits dans le droit honoraire. Les fragments des jurisconsultes classiques nous montrent qu'on fit sans cesse des applications nouvelles de cette procédure, non-seulement à l'aide d'interdits utiles, mais encore au moyen d'interdits nouveaux. C'est, par exemple, ce que font Labéon et Julien, dans les fragments suivants du Digeste : fr. 15, *ad Exhibendum* (X. IV), et fr. 7, § 2, *de Damno infecto* (XXXIX. II.)

Enfin, il est incontestable que le préteur inscrivit sur son Édit des interdits nouveaux, lorsque la procédure formulaire fut en pleine vigueur. Cicéron parle, dans son *pro Tullio*, de la création récente d'un interdit : « Age illud alterum interdictum consideremus, quod item nunc est constitutum propter eamdem iniquitatem temporum...» (Cap. X) Trébatius rappelait, dans un de ses ouvrages, une création analogue, qui fut motivée par une inondation du Tibre (D. XXXIX. II. fr. 9, § 1). Et l'on sait que l'exécution des jugements était assurée par des interdits dans la procédure prétorienne, ce qui doit paraître inexplicable aux auteurs dont je réfute ici les idées.

Tous ces faits ne prouvent-ils pas que les interdits avaient une sérieuse raison d'être à l'époque où le préteur pouvait modifier librement le droit civil dans son Edit? — Quant à moi, j'en suis convaincu, et je rejette la théorie qui conduit à une opinion contraire.

II.

11. — Je vais examiner maintenant le système des auteurs qui prétendent que la procédure des interdits était sommaire et plus expéditive que celle des actions.

12. — Mühlenbruch, qui a défendu cette théorie, ne cite, à son appui, que des constitutions des Empereurs du Bas-Empire (1) (C. Th. XI. XXXVI. c. 22, et C. J. VIII. II. c. 3).

(1) *Doctrina Pandectarum* (4e éd.), I, p. 308, n. 11.

Il est vrai que ces constitutions parlent des interdits comme d'une procédure expéditive. Mais, au temps où elles furent rendues, les interdits n'existaient plus que de nom, et avaient été remplacés par des actions extraordinaires. N'est-il pas étrange d'expliquer la différence de deux procédures par des textes qui datent d'une époque où cette différence a disparu ?

D'ailleurs, il ne faut pas oublier qu'il y avait, au IVe siècle, des raisons particulières pour que les interdits reçussent une exécution rapide : on les avait dispensés des longs préliminaires de la *litis denuntiatio*, (C. Th. II. IV. c. 6) ; et on avait prohibé d'en interjeter appel dans certains cas (C. Th. XXXVI. c. 22).

13. — Il n'existait rien de semblable au temps de la jurisprudence classique. Au contraire, Cicéron, dans le *pro Cæcina*, nous apprend que la voie des interdits n'était rien moins qu'expéditive. Il y dit, en effet, qu'il plaidait pour la troisième fois l'affaire de son client, qui demandait, on le sait, l'application de l'interdit *Unde Vi;* et il ajoute que cette lenteur était habituelle dans les procès du même genre : « Quod... in consuetudinem venit. » (Cap. II.)

Ne doit-on pas préférer le témoignage de Cicéron à celui des Empereurs du Bas-Empire, quand il s'agit d'une question de droit honoraire ?

Au reste, M. Bethmann-Hollweg a fait remarquer avec raison que, en principe, la procédure des interdits devait être plus lente que celle des actions, à cause du délai qu'on devait laisser entre la délivrance de l'interdit et la constitution d'un *judicium*, si le défendeur n'obéissait pas aux injonctions du magistrat (1).

III

14. — M. Bethmann-Hollweg n'accepte aucune des théories que j'ai discutées jusqu'ici. Il en a proposé une troisième (2), qui a été acceptée par Puchta (3), sinon pour expliquer la création des interdits, au moins pour rendre compte de leur conservation sous le système de procédure formulaire. Cette théorie consiste à regarder la procédure des interdits comme une procédure plus sévère... à cause de la *sponsio* et de la *restipulatio*.

Je ne puis comprendre que des jurisconsultes se soient arrêtés à cette idée.

15. — En effet, la présence d'une *sponsio* et

(1) *Handuch des Civilprozesses*, I, p. 390-391.
(2) *E. L.*, p. 387-389.
(3) *Institutionen* (5e éd.), II, p. 159-161.

d'une *restipulatio* n'est rien ni d'essentiel ni de spécial à la procédure des interdits. D'une part, certains interdits étaient jugés san ssponsio et *restipulatio*, *per formulam arbitrariam* (Gaius. IV, § 141). D'une autre part, dans certaines actions, on procédait *per sporsionem*. Il est vrai que la *sponsio* n'était que préjudicielle ou fictive, au temps de Gaius, dans la revendication *per sponsionem*. Mais il n'est pas probable qu'il en ait été ainsi primitivement, et il est certain qu'à la même époque, la *sponsio* était sérieuse dans les actions *de Pecunia certa credita* et *de Constituta* (Gaius IV, §§ 91, 171).

16. — Au reste, rien n'indique que le préteur ait voulu déployer une sévérité particulière dans les interdits

Il est constant qu'un interdit n'entraînait jamais l'infamie (D. XLIII. XVI. fr. 13). Et il n'est pas moins sûr que, dans aucun interdit, les condamnations n'étaient portées au double, au triple ou au quatruple du dommage causé, comme dans certaines actions. Il est vrai qu'on ignore le montant de la *sponsio*; mais rien ne prouve qu'elle fût dans une proportion semblable avec l'objet du litige, et elle n'était sûrement pas nécessaire pour aggraver les condamnations pécuniaires.

Aussi je ne saurais admettre la théorie de

M. Bethmann-Hollweg, non plus que les deux précédentes.

17. — Si je ne parle point de la théorie de Niebuhr et de Savigny qui rattache l'origine des interdits aux concessions de l'*ager publicus*, c'est qu'elle est divinatoire.

D'ailleurs, je ne connais point de jurisconsulte qui la soutienne encore, et elle a été combattue longuement par M. Marinier, dans sa Thèse de Doctorat.

Il est inutile de s'arrêter à une hypothèse qui n'a pas de fondement et qui tombe d'elle-même.

CHAPITRE II.

18. — Je crois avoir réfuté, dans le chapitre précédent, les opinions diverses qui ont été émises jusqu'ici pour expliquer la création des interdits et leur conservation jusqu'au règne de Dioclétien. On ne s'étonnera donc pas de ce que j'essaye d'exposer sur cette question des idées nouvelles, qui serviront, je l'espère, à une intelligence plus parfaite du droit classique de Rome. La

procédure formulaire, telle qu'on l'enseigne généralement, est une machine savante, dont les rouages s'engrènent curieusement. Mais il me semble que, lorsqu'on entreprend de la faire marcher, on aperçoit aussitôt que le ressort en est brisé. C'est ce ressort que je voudrais lui rendre par la théorie que vais exposer dans cette thèse.

Selon moi, les interdits entraînaient une exécution directe et forcée, toutes les fois qu'elle était possible, à la différence des actions, qui, sous le système de la procédure formulaire, n'étaient jamais suivies que de condamnations pécuniaires.

Cette théorie peut étonner au premier abord. Tous les jurisconsultes modernes supposent, en effet, que les actions et les interdits ont toujours eu des suites analogues. Cependant j'espère démontrer qu'il n'en était pas, et même qu'il ne pouvait pas en être ainsi.

A cette fin, je vais étudier les effets des actions pour leur opposer ensuite ceux des interdits.

I.

19. — Tous les auteurs enseignent que les actions, et même les actions réelles, n'entraînaient d'après l'Édit du préteur, que des condamnations pécuniaires.

20. — Il est certain, en effet, que pour des raisons qui nous sont inconnues, le demandeur, dans les actions réelles, ne put obtenir, pendant plusieurs siècles, la restitution forcée de l'objet litigieux, quelle que fût l'excellence de son droit.

Cela ressort de la formule par laquelle le magistrat conférait au juge, qui n'était qu'un simple particulier, le pouvoir de condamner ou d'absoudre le défendeur. Les formules des actions réelles étaient ainsi conçues : « *Judex esto. Si paret fundum... quo de agitur, ex jure Quiritium Auli Agerii esse, neque is fundus (arbitratu judicis) Aulo Agerio restituetur, quanti ea res erit, Numerium Negidium Aulo Agerio condemnato ; si non paret absolvito.* » C'est ce qu'on appelait une formule arbitraire.

On voit que le juge ne prononçait de condamnation, que lorsque le demandeur refusait de restituer l'objet du litige. Cette condamnation représentait les dommages et intérêts, qui étaient évalués sur le serment du demandeur. Celui-ci n'en était pas moins privé de sa chose par le mauvais vouloir de sa partie.

21. — Quelque bizarre que paraisse un semblable système, il est incontestable qu'il fut longtemps appliqué à Rome.

Gaïus dit formellement : « Omnium autem formularum quæ condemdationem habent, ad pecuniariam æstimationem condamnatio concepta est, ... judex non ipsam rem condemnat eum cum quo actum est, sicut olim fieri solebat; æstimata re, pecuniam eum condemnat. » (IV. p. 48.)

Et ce témoignage est confirmé par de nombreux passages du Digeste; les fragments des jurisconsultes classiques, qui prévoient que le défendeur refusera de restituer l'objet litigieux, parlent de condamnations pécuniaires, comme de tout moyen de coërcition. (D. XX. I. fr. 16, § 3. — XLVI. I. fr. 73. — XLVII. II. fr. § 9, 1.)

22. — Un seul texte fait exception à cette règle, et il a donné lieu a de longues contreverses: c'est le fr. 68 *De rei Vindicatione* (D. VI. I):

« Ulpianus, lib. LI ad Edictum. — Qui restituere jussus judici non paret, contendens non posse restituere, si quidem habeat rem, manu militari officio judicis ab eo possessio transfertur, et fructuum duntaxat, omnisque causæ nomine condemnatio fit. Si vero non potest restituere, si quidem dolo fecit quominus possit, is quantum adversarius in litem juraverit, damnandus est. Si vero nec potest restituere, nec dolo fecit quominus possit, non pluris quam quanti res est, id est quanti adversarii interfuit, condemnandus est. Hæc sententia generalis est, et ad omnia, sive interdicta, sive actiones in rem, sive in personam sunt, ex quibus arbitratu judicis quid restituitur, locum habet. »

C'est sur ce texte que se fondent les jurisconsultes qui prétendent que les actions réelles entraînèrent l'exécution naturelle et forcée à partir du IIIe siècle ap. J.-C.; et cette opinion serait incontestable, si le fr. 68 était d'une authenticité certaine.

23. — Depuis la Renaissance jusqu'à nos jours, d'éminents jurisconsultes ont affirmé que ce fragment était pur de toute interpolation ; c'était l'avis de Cujas au XVIe siècle, et c'est encore celui de la plupart des romanistes contemporains et, par exemple, de M. Pellat.

Cependant ce texte contredit tous les monuments du droit classique, qui nous sont parvenus. Il suppose qu'une révolution s'est faite dans la procédure romaine, après la mort de Paul et de Marcien, et pendant la vie d'Ulpien, qui ne leur a survécu que de quelques années. En effet, seul de tous ses contemporains, Ulpien a mentionné l'exécution naturelle et forcée des actions arbitraires.

Aussi je ne puis accepter qu'avec réserve le témoignage du fr. 68, dont l'authenticité me paraît douteuse.

24. — Tel était le sentiment d'Ant. Fa-

vre (1), il y a trois siècles; et tel était naguère celui de Savigny (2). Ces deux jurisconsultes ou pensé que notre texte avait été interpolé par Tribonien ou par ses collaborateurs. Ceux-ci y auraient ajouté la première phrase, où se trouve l'expression de *manu militari*.

Mais cette hypothèse a été parfaitement réfutée (3). On a fait remarquer que Tribonien n'aurait jamais écrit *manu militari*, puisqu'il était rigoureusement interdit, de son temps, de faire exécuter les jugements par des soldats (C. I. XLVI. c. 1). Au contraire, cette expression se rencontre dans d'autres passages d'Ulpien, dont l'authenticité n'est suspectée par personne. D'ailleurs, que signifierait, dans le droit du Bas-Empire, la distinction que fait le texte entre l'ordre de restituer et la condamnation?

Enfin j'ajouterai que l'hypothèse d'Ant. Favre et de Savigny n'explique pas les autres textes du Digeste, où il est question d'exécution forcée, et sur lesquels je reviendrai bientôt avec un soin particulier.

23. — Un autre jurisconsulte, M. Wetzel, a

(1) A. Faber. — *Conjecturæ*, XVI, 17.

(2) *System des heutigen romischen Rechts.*, V, p. 623.

(3) M. Pellat, *Sur la Propriété et sur l'Usufruit* (2e éd.), p. 367-379.

proposé une troisième explication du fr. 68 (1). Il pense que Tribonien l'a interpolé, mais, en y ajoutant la dernière et non la première phrase. Selon lui, le fragment, tel qu'il se trouvait dans l'ouvrage d'Ulpien, était relatif à l'exécution des fidéicommis, c'est-à-dire de procès qu'on jugeait *extra ordinem*.

Pour établir qu'il ne s'agissait pas d'actions dans le texte primitif, M. Wetzel fait remarquer sommairement que rien n'empêche de voir une interpolation dans la quatrième phrase, et qu'il est fort probable que les trois premières se rapportaient à la matière des fidéicommis, puisque le fr. 68 est tiré du LIe livre du commentaire d'Ulpien *ad Edictum*, où l'auteur traitait des fidéicommis.

Je pense également qu'il est permis de voir une addition postérieure dans la quatrième phrase. Mais je ne saurais admettre qu'il était question de fidéicommis dans les trois premières. Il est, en effet, fort contestable qu'Ulpien traitât cette matière dans son Commentaire *ad Edictum*, puisqu'elle n'était pas réglementée par l'Édit du préteur, mais par des constitutions impériales.

Quant au fr. 68, il n'est certainement pas relatif à un *judicium extraordinarium* : la mention du

(1) *Der romische Vindications process* (1845), p. 126-128.

judex, dans la première phrase, le prouve avec évidence.

Enfin, dans l'hypothèse de M. Wetzel, comme dans celle de Savigny, que signifie la distinction du *jussus* et de la *condemnatio*, et que deviennent les passages du Digeste où l'on parle d'exécution forcée, bien qu'il s'agisse du *jus ordinarium?*

26. — Faut-il donc accepter l'opinion des jurisconsultes qui voient dans le fr. 68 un texte pur de toute interpolation? — Je ne le pense pas, et voici les raisons qui m'en empêchent :

Je ferai remarquer d'abord qu'Ulpien, dans d'autres passages, se tait sur l'exécution forcée des actions arbitraires. C'est ainsi qu'on trouve, dans le fr. 1, *De in litem jurando* (D. XII. III), la phrase suivante qui prévoit le cas de contumace et qui ne parle que de condamnations pécuniaires : « Rem in judicio deductam non idcirco pluris esse opinamur, quia crescere condemnatio potest ex contumacia non restituentis per jusjurandum in litem... »

Dira-t on que ce passage est tiré d'un ouvrage différent que le fr. 68, et que cet ouvrage est antérieur au Commentaire *ad Edictum?* — Je veux bien supposer que le Commentaire *ad Sabinum* est une des premières productions d'Ulpien Mais que peut-on objecter à cet autre texte qui était au XXXVe livre du Commentaire *ad Edictum*?

— « Item quaeri potest, si fundus a tutore petitus sit pupillaris, nec restituatur, an litis aestimatio oblata alienationem pariat, haec enim alienatio non sponte tutorum fit (D. XXVII. IX. fr. 2, § 2).

27. — Une étude attentive du fr. 68, prouve, d'ailleurs, qu'il est interpolé.

Ce fragment n'est pas tiré du XVIe livre du Commentaire *ad Edictum*, où Ulpien traitait de la revendication, mais du LIe qui était consacré à la matière des legs. Les compilateurs du Digeste auraient-ils été chercher si loin un texte sur l'exécution des actions, s'ils avaient pu en trouver un semblable plus près d'eux ? Et Ulpien aurait-il caché, pour ainsi dire, dans son LIe livre, un texte qui modifiait profondément toute l'économie de la procédure romaine ?

Je le crois d'autant moins qu'il n'y a que la quatrième phrase de notre fragment qui le rattache à la matière des actions. Or, cette phrase est d'une latinité barbare : sa construction embarrassée et son incorrection grammaticale trahissent la main maladroite d'un compilateur. Ulpien eût-il jamais écrit : ... *ad omnia, sive interdicta, sive actiones in rem, sive in personam sunt*..., et surtout... *ad omnia. . locum habet?* — C'est Tribonien et ses aides qui sont les auteurs de cette phrase.

28. — Considérons donc le fr. 68 sans tenir compte d'une addition malencontreuse.

Ulpien suppose qu'une personne a reçu l'ordre de restituer un objet litigieux; il prévoit successivement les cas où elle ne veut pas et où elle ne peut pas obéir; et il nous apprend que le juge enlèvera, *manu militari*, au demandeur récalcitrant la possession qu'il ne veut pas abandonner de bonne grâce. Il ne parle que de la possession, c'est-à-dire d'un droit protégé par les interdits; et rien n'indique, dans notre texte, qu'il se rapporte à une action réelle ou personnelle. Je pense, pour ma part, qu'il était relatif à un interdit, et peut-être à l'interdit *Quod legatorum*.

Ce qui me confirme dans cette opinion, c'est l'énumération qui se trouve dans la quatrième phrase. Contrairement au style habituel des jurisconsultes romains (D. XII. II, fr. 3, § 1. — XLII. II. fr. 6, § 2), les interdits y sont mentionnés avant les actions; ce que j'explique parfaitement dans mon hypothèse. Les compilateurs du Digeste se trouvant en face d'une règle spéciale aux interdits et voulant la généraliser, ont été conduits naturellement à déclarer que la règle s'appliquait aux interdits d'abord, et puis aux actions.

23.— Ainsi le fr. 68 ne prouve point que les actions arbitraires aient entraîné l'exécution directe et forcée avant l'abolition de la procédure formulaire.

Ce texte ne fournit qu'un premier argument à la thèse que je propose sur les effets des interdits.

C'est de ces effets que je vais m'occuper présentement.

II.

30. — Afin de démontrer que les interdits étaient suivis d'une exécution directe et forcée, je présenterai d'abord des considérations sur l'ensemble du droit honoraire ; puis je rappellerai le langage énergique dont les jurisconsultes classiques se servent en parlant des interdits ; et, enfin, je citerai les textes particuliers d'où je déduis directement la théorie que je professe.

§ 1er.

31. — Il suffit de songer aux conséquences qu'aurait eues l'application absolue du système des condamnations pécuniaires pour comprendre que la société romaine n'eût pu subsister, si cette application avait été générale ; et, lorsqu'on réfléchit à la place que les interdits occupaient dans la procédure de l'Edit, on suppose nécessairement que c'était eux qui recevaient une exécution directe et forcée, à la différence des actions.

32. — En premier lieu, je ferai remarquer qu'on n'imagine pas comment on appliquait le système des condamnations pécuniaires dans certains cas ; et, par exemple, dans celui de l'interdit *Ne quid in loco sacro fiat, vel quod factum est restituatur.*

En effet, lorsqu'une personne avait fait une construction dans un lieu sacré, il était juridiquement impossible qu'elle payât l'estimation du terrain qu'elle avait usurpé. Ulpien dit formellement : « Res sacra non recipit æstimationem. » (D. I. VII. fr. 9, § 3.)

Il fallait donc en revenir à l'exécution directe et forcée, c'est-à-dire à la démolition de l'édifice.

33. — Mais pouvait-il en être différemment pour les interdits qui protégeaient les intérêts généraux de la société : l'entretien et le libre usage des lieux publics, des chemins, des fleuves ; la sûreté des propriétés immobilières, et jusqu'à la liberté des citoyens ?

Imagine-t-on une société dans laquelle un simple particulier peut envahir le domaine public, ou arrêter la circulation sur les chemins, les places, les fleuves, tant que sa fortune lui permettra de payer les dommages et intérêts auxquels les juges le condamneront ? Peut-il se faire que dans un État policé, le premier venu chasse d'une maison son propriétaire et en devienne le maître légitime, au prix d'une indemnité dont le propriétaire expulsé sera tenu de se contenter ? Est-il soutenable qu'un citoyen romain (Cette personne sainte !) pût être retenu prisonnier par un de ses concitoyens sans que l'autorité et la force publique n'intervinssent aussitôt pour le délivrer? — Il est évident qu'une répression directe devait atteindre tous ces faits qui étaient autant de délits contre l'Etat lui-même.

Dira-t-on que les inconvénients que je signale étaient prévenus au moyen des juridictions criminelles, des *judicia publica?* — Un exemple va prouver qu'il n'en était rien. Dans le cas de séquestration d'un homme libre, la loi Fabia n'édictait, dans l'origine, qu'une peine pécuniaire, et Paul oppose précisément ses effets à ceux de l'interdit *de Homine libero exhibendo* : « ... Interdicto quidem id agitur, ut exhibeatur is qui detinetur ; lege autem Fabia, ut etiam pœna nummaria coërceatur. » (Sent. V. VI. § 14. Cf. V. XXX § 1.)

34.— Et que seraient devenus les plus importants des droits privés, les droits réels, si les actions et les interdits n'avaient été également suivis que de condamnations pécuniaires ?

Une personne revendique sa chose, et le défendeur, faute de la restituer, est condamné à en payer l'estimation. — Qu'arrivera-t-il, si ce défendeur a d'autres dettes, et, pour tout bien, l'objet litigieux qu'il détient injustement ?— Ses créanciers se feront envoyer en possesion de ses biens, et les feront vendre après les délais légaux, et le propriétaire évincé viendra partager le prix de sa propre chose, dont il ne receva qu'une portion plus ou moins considérable. — Un pareil résultat est-il admissible ?

On dira que le préteur l'avait prévenu en obligeant le possesseur à fournir une caution pour la restitution de l'objet du litige ou de son prix.— Mais qu'elle était la sanction de cette obligation ? —C'était l'interdit qui privait le défendeur, à défaut de caution, de la possession intérimaire de la chose revendiquée.— Mais, si cet interdit n'entraînait pas l'exécution directe et forcée, le demandeur était-il moins exposé au mauvais vouloir et à l'insolvabilité de sa partie ?

Il faut avouer que, dans cette théorie, le préteur aurait déployé une prudence merveilleuse le jour où il aurait organisé la procédure compliquée de la revendication !

35. — Il est également des textes qui déclarent que le magistrat confie à des tiers la possession provisoire, lorsqu'il suspecte l'honnêteté ou les intentions du défendeur.

C'est ainsi que, pour l'interdit *de Liberis ducendis*, Ulpien dit que, si une femme ou un adolescent sont l'objet du débat, on les remettra, pendant le procès, à une respectable mère de famille (D. XLIII, xxx, fr. 3, § 6).

La précaution ne serait-elle pas dérisoire si le défendeur pouvait retenir la femme ou l'adolescent, au prix d'une somme d'argent?

36. — Je vais plus loin, et je dis que si la procédure formulaire avait été organisée comme on l'enseigne universellement, rien n'eût été plus simple que d'échapper à l'exécution de toutes les sentences.

Quelles étaient, en effet, les voies d'exécution de l'Edit? — C'était la contrainte par corps et l'envoi en possession des biens.

Quant à la contrainte par corps, on paralysait ses effets en se cachant. Les textes du Digeste nous apprennent qu'il arrivait fréquemment que les débiteurs se missent ainsi à l'abri des poursuites de leurs créanciers, qui n'avaient aucun moyen de se les faire remettre (D. II, iv, fr. 19. — XLII, iv, fr. 7, § 2. - XLIII, xxix, fr. 4, § 3).

Et quant à l'envoi en possession des biens, il semble qu'il n'avait rien de redoutable pour les condamnés, si les actions et les interdits étaient également suivis de condamnations pécuniaires.

Une personne a été condamnée à payer une somme d'argent. - Que fera son créancier, si elle ne s'exécute pas bénévolement? — Il se fera envoyer en possession des biens de son débiteur.

— Et si, lorsqu'il se présente pour y entrer, il est repoussé par des esclaves ou par des amis, quel recours aura-t-il ? — Il retournera auprès du préteur, qui délivrera l'interdit *Ne vis fiat ei qui in possessionem missus erit* (D. XLIII, IV, fr. 1, § 1). — Mais, si les esclaves ou les amis du débiteur n'obéissent pas à cet ordre, n'obtiendra-t-il contre eux qu'une condamnation en dommages et intérêts ? — Je ne vois pas alors quand et comment il la fera exécuter, tant qu'il ne trouvera point des débiteurs bénévoles qui laisseront saisir sans résistance leurs personnes ou leurs biens.

Dira-t-on que les débiteurs romains se soumettaient aux sentences qui les condamnaient avec une docilité exemplaire et unique dans l'histoire ? Malheureusement il est impossible de l'admettre, lorsqu'on connaît les mœurs violentes de la société romaine, que Cicéron nous dévoile dans ses discours. Le préteur n'a certainement pas créé l'interdit *Ne vis fiat ei qui in possessionem missus erit*, par une prévoyance inquiète et exagérée.

37. — Au reste, plusieurs passages des jurisconsultes classiques supposent l'intervention de la force publique dans l'exécution des jugements. Je citerai, par exemple, cette phrase des Sentences de Paul : « Creditor chirographarius, si, sine jussu Præsidis, per vim debitoris sui pignora,

cum non habuerit obligata, ceperit, in legem Juliam *De vi privata* committit. » (V. xxvi, § 4). Il ressort évidemment de ce texte que le créancier n'aurait pas transgressé la loi, s'il avait saisi les gages *per vim*, d'après un ordre du magistrat.

Je citerai dans le même sens une phrase d'Ulpien : « Si quis, quod adversario [non (?)] debebat, delegante eo, per vim, apparitione Præsidis interveniente, sine notione judicis coactus est dare, judex inciviliter extorta, restitui ab eo qui rei damnum præstiterit jubeat. » (D. IV, ii, fr. 23, § 3).

Enfin, Paul nous montre, dans un fragment du Digeste, que les Romains savaient parfaitement que l'autorité judiciaire a besoin de la force pour faire respecter ses décisions : « Mandata jurisdictione privato, etiam imperium, quod non est merum, videtur mandari, quia jurisdictio sine modica coërcitione nulla est. (D. I. xxi, fr. 5, § 1, cf. II, i, fr. 2.)

58. — Eh bien! la *jurisdictio*, telle qu'on la décrit dans les ouvrages des jurisconsultes modernes, manque de la *coërcitio* dont parle Paul.

C'est pourquoi je comparais la procédure formulaire à une machine dont on a brisé le ressort.

On ne peut comprendre sa marche, si l'on n'admet point que les interdits entraînaient l'exécution directe et forcée.

§ 2.

39. — Au reste, il suffit de parcourir les textes qui sont relatifs à la procédure des interdits, pour présumer qu'elle avait des effets plus énergiques que celle des actions. Le langage des jurisconsultes classiques est tout différent, quand ils parlent de l'une ou de l'autre de ces procédures. Or, tout le monde connaît le soin scrupuleux que ces auteurs mettaient dans le choix des expressions dont ils se servaient.

40. — Cette différence ressort déjà de la comparaison des formules d'actions et des formules d'interdits : les unes ne renfermaient que la promesse de constituer un juge, et les autres édictaient un ordre ou une défense.

Il ne faudrait même pas croire que certaines formules d'interdits se terminassent par l'expression : *judicium dabo*. Les rares exemples qu'on en trouve au Digeste sont certainement interpolés. Ainsi la formule qui se trouve au titre : *De Vi et de Vi armata* (D. XLIII, xvi, fr. 1, pr.), n'est, si je ne me trompe, qu'une rédaction abrégée de deux formules différentes : celle de l'interdit *Unde Vi*, et celle de l'action *in factum* qu'on délivrait après le délai d'un an. Le témoignage de Cicéron confirme cette hypothèse, lorsqu'il donne, dans son *pro Cæcina*, les véritables termes de l'interdit : « ... *Unde tu dejecisti... eo restituas* » (cap. XXX).

Donc, les formules des interdits étaient toujours impératives, quand celles des actions ne l'étaient jamais.

41. — Ce n'était pas là une simple forme de style. Gaïus dit formellement que, dans les interdits, le magistrat fait intervenir son autorité : « ... Prætor aut proconsul principaliter auctoritatem suam finendis controversiis [præ *ou* inter] ponit... » (IV. § 139). D'autres textes déclarent que cette autorité serait compromise par la violation des interdits. Julien va même jusqu'à dire, dans un cas de l'interdit *Ne quid in Loco publico vel Itinere fiat* : « ... Ita qui adversus Edictum Prætoris ædificaverit, tollere ædificium debet; alioquin inane et lusorium Prætoris imperium erit. » (D. XLIII. VII. fr. 7)

Les interdits étaient donc, à cette époque, un ordre du préteur et un ordre très-sérieux.

C'est ce que prouvent encore d'autres textes parmi lesquels je citerai :

1° Le fr. 20, § 1, *De Operis novi Nuntiatione* (D. XXXIX. I), où l'on voit qu'on réprimait la violation de l'interdit, lors même que la personne qui l'avait violé, n'avait fait qu'user de son droit ;

2° Le fr. 1, § 10 du même titre, qui montre que les jurisconsultes romains s'étaient demandés, si l'on ne manquait point au respect des magistrats en permettant à un défendeur d'invoquer la convention qu'il aurait faite avec le demandeur, et par laquelle celui-ci renoncerait au bénéfice de l'interdit;

3° Les fr. 5, pr, et 15, § 16, *de Damno infecto* (D. XXXIX. II), d'où il ressort que, dans certains cas, l'interdit était une juste cause de possession, par laquelle on pouvait arriver à la prescription d'un immeuble.

42. — Ainsi, les interdits étaient un ordre sérieux du préteur. Les personnes qui y controvenaient devaient donc encourir les peines corporelles et pécuniaires dont les lois et l'Edit menaçaient ceux qui désobéissaient aux magistrats.

Pour les peines corporelles, Paul déclare dans ses Sentences que la loi *Julia, De Vi publica et privata*, permettait exceptionnellement d'emprisonner les citoyens romains qui « ideo in carcerem duci jubentur quod jus dicenti non obtemperaverint quidve contra disciplinam publicam fecerint. » (V. XXV. § 1.) Et Ulpien dit, dans un fragment du Digeste : « Si quis, quod decreto Prœtoris non obtemperaverit, ductus sit, non est in ea causa ut agat injuriarum propter Prætoris præceptum. » (XLVII. X. fr. 12, § 2.) Ces règles devaient s'appliquer très-utilement à certains cas d'interdits.

Quant aux peines pécuniaires, je citerai un passage d'Ulpien, qui a donné lieu à bien des controverses, et qui s'explique facilement dès qu'on l'applique aux interdits et qu'on admet avec moi, que les interdits étaient suivis d'une exécution forcée : C'est le fr. 1, *Si Quis jus dicenti non obtemperaverit* (D. II. III) : « Omnibus magistratibus, non tamen Duumviris, secundum jus potestatis suæ concessum est, jurisdictionem suam defendere pœnali judicio. — § 1. Is videtur jus dicenti non obtemperasse, qui quod extremum in jurisdictione est, non fecit, veluti, si quis rem mobilem vindicari a se passus non est, sed duci eam vel ferri passus est ; cœterum, si et sequentia recusavit, tunc non obtemperasse videtur. — ... — § 4. Hoc judicium non ad id quod interest, sed quanti ea res est, concluditur, et quum meram pœnam contineat, neque post annum neque in heredem datur. » — Si je pense qu'il s'agit, dans le § 1, d'un interdit, et non pas d'une action, c'est qu'autrement le magistrat n'aurait pas donné d'ordre. Et il ne faudrait pas se laisser tromper par l'expression : *vindicare* ; elle signifiait rigoureusement : réclamer la possession intérimaire, les *vindiciæ* des actions de la loi. C'est ce que prouve ce passage de Tite-Live : « Ita vindicatur Virginia, spondentibus propinquis. » (III. XLVI).

43. — Si les interdits sont l'expression sérieuse

de la volonté du magistrat, il n'y a pas de raison pour croire qu'on ne les exécutât point rigoureusement et, s'il était nécessaire, par la force.

C'est, au contraire, ce qu'indiquent les textes nombreux où les jurisconsultes romains s'expriment avec une énergie remarquable sur les effets des interdits. Ils ne disent pas seulement que ces ordonnances obligent, *cogunt*, à tel ou tel fait, comme il leur arrive de le dire quelquefois des actions réelles ou personnelles; ils déclarent qu'elles contraignent, *compellunt*, à restituer une chose, à démolir ou à reconstruire un édifice: — « ... an hoc interdicto restituere sit *compellendus* » (D. XLIII. III. fr. 1, § 8) — « ... interdicto restitutorio destruere *compellitur*. » (D. XXXIX. I. fr. 21, § 1) — « Uti possidetis mihi efficax est ut ea tollere *compellatur*. » (D. XLIII. XVII. fr. 3, § 9) — etc. — Dans d'autres passages, ils parlent des interdits comme de voies d'exécution : — « ... nam pars sola per interdictum *auferetur*. » (D. XLIII. III. fr. 1, § 12) — .., ne ante ei possessio *auferatur*. » (D. XLIII. XXVI. fr. 12, pr.) — ... ejus *apprehendendi* gratia utile interdictum reddi opportet. » (D. XLIII. XXXIII. fr. 1, pr.) — etc... — Enfin Gaïus s'exprime en ces termes au sujet de l'interdit *Quorum bonorum* : « ... Ejusque *vis* et *potestas* hæc est ut .., restituatur. » (IV. § 144) — Et ce passage est confirmé par la Paraphrase de Théophile qui classe les interdits d'après leur efficace, ἐνέργεια, pour acquérir, retenir ou recouvrer la possession. (IV. xv, §. 3).

Ces expressions énergiques ne rendent-elles pas vraisemblable que les interdits entraînaient après eux une exécution directe et forcée?

44. — Ces présomptions sont confirmées par des faits significatifs.

Dans certains cas d'interdits, on pouvait se faire justice, même par les armes. Ainsi, dans le cas où une personne tentait d'expulser un propriétaire de sa maison, celui-ci pouvait repousser toute agression par la force, et, s'il était expulsé, chercher du secours et rentrer violemment en possession de son bien. Telle était la législation au temps des jurisconsultes classiques, dont les fragments nous l'apprennent au Digeste. (XLIII. xvi. fr. 1, § 27; 3; § 9, 7).

Paul va même jusqu'à dire dans ses Sentences ; « Qui vi, aut clam, aut precario possidet, ab adversario impune dejicitur. » (V. vi. § 7).

Est-il probable que la force publique ne pouvait pas faire, ce qu'on permettait à la force privée?

45. — D'autres textes montrent que les juris consultes romains opposaient les effets des interdits à ceux des actions, et les assimilaient à ceux

des *judicia extraordinaria,* qui étaient suivis, on le sait, d'une exécution forcée.

C'est ainsi que Gaïus dit, dans un fragment du Digeste, que lorsqu'on voudra faire exhiber un homme libre, on devra agir par la voie des interdits; «... nam *ad Exhibendum* actio in eam rem inutilis videtur, quia hæc actio ei creditur competere, cujus pecuniariter interest. » (D. X. I. fr. 13.) Cette distinction s'explique parfaitement, si les interdits recevaient une exécution directe et forcée, tandis que les actions n'aboutissaient nécessairement qu'à des condamnations pécuniaires.

J'en dirai autant d'une distinction analogue que le même Gaïus fait entre l'interdit *de Mortuo inferendo,* et l'action *in factum,* qu'on pouvait obtenir dans les mêmes circonstances : « Liberum est ei qui prohibetur, mortum ossave mortui inferre, aut statim interdicto uti, quo prohibetur ei vis fieri, aut alio inferre, et postea in factum agere; perquam consequitur actor quanti ejus interfuerit, prohibitum non esse ; ... » (D. XI. VII. fr. 9).

On trouve, au contraire, plusieurs textes où l'on rapproche les interdits des *judicia extraordinaria.* Je citerai : le fr. 1, § 2, *Si Ventris nomine Mulier ;* (D. XXV. V). Le fr. 3, pr. *Ne vis fiat ei qui in possessionem missus erit ;* (D. XLIII. IV). Le fr.

1, § 2. *De migando*; (D. XLIII. xxxii). Il y a même un fragment qui porte : «... partum a muliere jam potest maritus jure suo filium per interdictum desiderare aut exhiberi sibi, aut ducere permitti, extra ordinem » (D. XXV. iv. fr. 1, § 1).

Je citerai également un autre passage où le jurisconsulte Ulpien met sur la même ligne un interdit et la violence qu'une personne exerce pour empêcher qu'on ne bâtisse sur son fonds : « Meminisse autem oportebit, quoties quis in nostro ædificare, vel in nostrum immittere, vel proficere vult, melius esse eum per Prætorem, vel per manum, id est lapilli ictum, prohibere, quam, operis novi nuntiatione... » (D. XXXIX. i. fr. 5. § 10).

§ 3

46. — La théorie que je propose ne se fonde pas uniquement sur des présomptions puissantes. Elle s'appuie aussi sur des textes positifs que je vais citer maintenant. Il se rapportent aux différentes espèces d'interdits, et sont tirés des ouvrages des principaux jurisconsultes classiques.

47. — Je citerai d'abord, un passage d'Ulpien relatif aux interdits qui protégeaient les lieux sacré.

Le jurisconsulte y déclare que, lorsqu'on aura fait une construction dans un lieu semblable, il faudra nécessairement la démolir, à la différence des constructions qu'on aurait pu faire dans un lieu public : « Locorum sacrorum diversa causa est ; in loco enim sacro non solum facere vetamur, sed et factum restituere jubemur ; hoc propter religionem. » (D. XLIII. VIII. fr. 2, § 19.) Il ne s'agit pas ici d'une démolition qu'on puisse éviter en payant une somme d'argent, puisque il n'y avait pas d'estimation possible des choses sacrées.

48. — Quand aux lieux publics, Ulpien nous apprend que, dans certains cas, on laissera subsister les constructions qui y auront été faites, moyennant une redevance annuelle : « Si quis nemine prohibente in publico ædificaverit, non esse eum cogendum tollere, ne ruinis urbs deformetur et quia prohibitorium est interdictum, non restitutorium ; si tamen obstat id ædificium publico usui, utique is qui operibus publicis procurat, debebit id deponere, aut, si non obstat, solarium ei imponere ; vectigal enim hoc sic appellatur *solarium* ex eo quod pro solo pendatur : » (D. XLIII. VIII fr. 2, § 17). Voilà ce qu'on décidait, quand la construction avait été faite, sans que personne n'eut opposé l'interdit *Ne quid in Loco publico vel Itinere fiat*.

Dans le cas contraire, Julien déclare qu'il faudra nécessairement démolir : « Sicut is qui nullo prohibente in loco publico ædificaverat, cogendus non est demoliri, ne ruinis urbs deformetur, ita qui adversus Edictum Prætoris ædificaverit, tollere ædificium debet, alioquin lusorium et inane Prætoris imperium erit. (D. XLIII. VIII. fr. 7).

49.— Les textes ne sont pas moins explicites pour les interdits qu'on délivrait dans un intérêt privé.

On sait que les interdits prohibitoires jouaient un grand rôle dans les voies d'exécution de la procédure formulaire. C'était par eux qu'on protégeait les droits des légataires, des propriétaires d'immeubles menacés d'un dam imminent, et de tous les créanciers qui avaient obtenu des condamnations contre leurs débiteurs. Le préteur accordait à ces personnes des envois en possession, qu'il sanctionnait par des interdits.— « Species inducendi in possessionem alicujus rei est prohibere ingredienti vim fieri; statim enim cedere adversarium et vacuam relinquere possessionem jubet; quod multo plus est quam restituere. » (D. XLI. II. fr. 52, §. 2.)

La fin de cette décision n'est pourtant pas applicable à tous les cas d'envoi en possession. On ne l'appliquait pas aux envois qui n'étaient que des mesures conservatoires. « Is cui legatorum fideive commissorum nomine non cavetur, missus in possessionem numquam pro domino esse incipit, nec tam possessio rerum ei, quam custodia datur; neque enim expellendi hæredem jus habet, sed simul cum eo possidere jubetur, ut saltem tædio perpetuæ custodiæ extorqueat hæredi cautionem (D. XXXVI. IV. fr. 5, pr.) - La même règle ressort de la formule citée par Cicéron, dans le *pro Quinctio : Dominum invitum detrudere non placet.* » (Cap. XXVII.)

Il en était autrement dans le cas d'un dam imminent. Le propriétaire menacé était, d'abord, envoyé en possession ; et puis il recevait l'ordre de posséder, qui faisait courir la prescription en sa faveur. Tant qu'il n'était qu'envoyé en possession, il ne pouvait contraindre le propriétaire de l'objet possédé à se retirer (D. XXXIX. II. fr. 15, § 20). Mais, dès qu'il avait reçu l'ordre de posséder, il avait le droit de chasser ce propriétaire : « Ubi autem quis possidere jussus est, dominus dejiciendus erit possessione. » (E. fr. § 23.)

Quant à la manière d'entrer en possession, Ulpien dit formellement : « Missus in possessionem, si non admittatur, habet interdictum propositum ; aut per viatorem, aut per officialem Præfecti, aut per magistratus introducendus est. » (D. XXXVI. IV. fr. 5, §. 25.)

50. — Les interdits qui protégeaient les envois en possession, servaient également à les faire

cesser, lorsqu'ils n'avaient plus de raison d'être.

C'est ce qui arrivait, par exemple, lorsque des légataires envoyés en possession des biens du défunt, recevaient le payement de leurs legs, ou que des créanciers envoyés en possession des biens d'un mineur dont personne ne défendait les intérêts en justice, finissaient par trouver une partie qui se chargeât de la défense du mineur.

Or, Marcien, pour le premier cas, et Ulpien pour le second, disent formellement qu'on chassera les envoyés en possession au moyen d'un interdit : « Item si quis solverit legata, debent discedere legatarii de possessione ; alioquin nascitur hæredi interdictum, ut eos dejicere possit ; » (D. XLVI. III. fr. 40) et— « . . Ergo oblata defensione dejici poterit interdicto reddito. » (D. XLII. IV. fr. 5, §. 3.) — Si l'on doutait du sens de *dejicere*, on n'aurai qu'à lire cette phrase du *pro Cæcina* : « Dupliciter homines dejiciuntur ; aut sine coactis armatisve hominibus, aut per ejusmodi rationem atque vim. » (Cap. XXXVI.)

51.—Quant aux interdits restitutoires, il y en avait de deux espèces : les uns avaient pour but de faire rétablir les lieux dans leur état primitif, lorsque cet état avait été injustement changé : les autres entraînaient la restitution d'un objet à son seur légitime.

Parmi ceux de la première espèce, je citerai

celui qu'on délivrait dans le cas d'une *Operis novi nuntiatione*. Les textes décident, que si on le viole, il faut détruire l'édifice qu'on a élevé contrairement aux ordres du prêteur, lors même que le demandeur n'aurait pas eu le droit de vous empêcher de construire : «... Qui igitur facit et si jus faciendi habuit, tamen contra interdictum Prætoris facere videtur, et ideo destruere cogitur.» (D. XXXIX. I. fr. 20, §. 1.) — Il est évident qu'il s'agit ici d'une destruction effective, et qu'une condamnation pécuniaire serait inapplicable. Comment estimer un dommage qui n'existe pas ?

L'exécution forcée des interdits restitutoires de la seconde espèce, ressort de deux textes dont j'ai déjà parlé : le fr. 1, §. 1. *Si quis jus dicenti non obtemperaverit* (D. II. III), et le fr. 68 *de Rei Vindicatione* (D. VI. I.) — Je ne reviendrai pas sur l'interprétation que j'en ai donnée.

53. — J'en arrive, en dernier lieu, aux interdits exhibitoires.

Le texte que je citerai d'abord, se rapporte à l'interdit *De Tabulis exhibendis*. — Quand une personne demandait qu'on lui représentât un testament, le préteur ordonnait cette représentation ; et si le défendeur s'y refusait, en alléguant qu'il ne pouvait pas ou qu'il ne devait pas la faire, les parties allaient devant les juges (D. XLIII. V.

fr. 1, § 1). Mais, si le défendeur se refusait capricieusement à l'exhibition d'un titre qu'il reconnaissait posséder, le prêteur le contraignait à l'obéissance par toutes les voies possibles : « Si quis non negans, apud se tabulas esse, non patiatur inspici et describi, omnimodo ad hoc compelletur ;... » (D. XXIX. III. fr. 2, § 8). — Remarquons que par son aveu tacite, le défendeur se trouve dans la position d'un condamné : « Confessus pro judicato est... » (D. XLII. II. fr. 1). On doit donc admettre que le défendeur qui aura été condamné par les juges, sera contraint *omnimodo* à représenter le testament.

Une constitution d'Alexandre nous montre également un cas d'exécution forcée de l'interdit *De Homine libero exhibendo :* « Mulierem, quam ita venisse allegas, ne prostitueretur, aut, si prostituta fuerit, libera esset, per officium militare exhiberi apud tribunal oportet, ut si controversia referatur pacto (quod tamen si verum est, libertas mulieri exsistente conditione competit), agatur causa apud eum cujus de ea re notio est... (C. IV. LVI. c. 2. — Cf. c. 1).

57. — Enfin, je trouve au Code une constitution de Dioclétien et de Maximien, qui confirme puissamment tous les textes que je viens de citer. — « Uti possidetis fundum de quo agitur, quum ab altero nec vi, nec clam, nec precario possidetis,

rector provinciæ vim fieri prohibebit ; ac satisdationis vel transferendæ possessionis Edicti perpetui forma servata, de proprietate cognoscet. » (C XIII. vi. c. 1.) — Ne ressort-il pas de ce texte, qu'on appliquait dans la procédure extraordinaire les règles de l'Edit sur la translation de la possession ? Or, il est incontestable qu'à l'époque de Dioclétien, la translation s'opérait par la force, quand le défendeur ne s'exécutait pas de bonne grâce. L'Edit ordonnait donc l'exécution directe et forcée des interdits.

Tel est la thèse que je prétends établir dans ce travail.

III.

54. — Il est cependant une objection spécieuse qu'on me fera certainement. C'est que les textes qui sont relatifs aux interdits, mentionnent fréquemment des condamnations pécuniaires.

Je répondrai que ce fait est parfaitement explicable dans la théorie que je propose.

55. — En effet, l'exécution forcée d'un interdit pouvait devenir impossible. S'agissait il d'une restitution ? Le défendeur pouvait perdre la possession de l'objet litigeux, ou cet objet pouvait périr (D. XLIII. xvi. fr. 1, §§ 34, 35, 42. — fr. 10. — fr. 15. — fr. 19). Il y avait même des

cas où la force publique pouvait rencontrer un obstacle infranchissable dans le mauvais vouloir du défendeur. Je suppose, par exemple, que celui-ci a t caché l'objet qu'on lui réclame, en un lieu inconnu.

Il fallait nécessairement, dans ce cas, recourir à des condamnations en dommages et intérêts.

Il le fallait encore, lorsque le préteur avait ordonné de faire un travail, que le défendeur n'exécutait pas Celui-ci devait en payer les frais. Il y avait lieu de suivre une règle identique à celle de l'art. 1143. C. N. (D. XLIII. I. fr. 5).

Enfin le défendeur pouvait, en n'obéissant pas sur le-champ à l'interdit, causer un dommage au demandeur, et devait l'en indemniser. Il en était ainsi, sous Justinien, pour les actions, qui entraînaient alors l'exécution forcée. C'est ce qui ressort d'une phrase des Instituts : « Quod si neque statim jussu judicis rem exhibeat, neque postea exhibiturum se caveat, condemnandus sit in id quod actoris intererat ab initio rem exhibitam esse. » (IV. XVIII. § 3). Cette phrase rappelle un paragraphe du titre *De Precario* au Digeste : « Ex hoc interdicto restitui debet in pristinam causam ; quod si non fuerit factum, condemnatio in tantum fiet, quanti interfuit actoris, ei rem restitui ex eo tempore, ex quo interdictum editum est ; ergo et fructus ex die interdicti editi præstabuntur. » (D. XLIII. xxvi fr. 8. § 4.)

56. — En outre, le défendeur récalcitrant encourait une peine pécuniaire, d'après le fr. 1. *Si qui jus dicenti non obtemperaverit* (D. II. iii). Et il paraît même que certains interdits étaient accompagnés d'une amende. Papinien dit que si quelqu'un dégrade la voie publique, ou y élève une construction, les édiles le condamneront à l'amende, ζημιούτωσαν κατὰ τὸν νόμον, et détruiront ce qu'il a fait (D. XLIII. x. fr. 1, § 2). Paul confirme sa décision en ces termes : « Si quis tamen in ea [via] aliquid operis fecerit quo commeantes impediantur, demolito opere condemnatur. » (Sent. V. vi. § 2).

57. — Aussi, je ne pense pas que les mentions des condamnations pécuniaires qu'on trouve dans les ouvrages des jurisconsultes classiques, doivent faire repousser ma théorie.

Cependant, j'avouerai, en toute franchise, qu'il est un ou deux textes, qui me paraissent difficiles à expliquer dans toute autre théorie sur l'exécution forcée que celle d'Ant. Favre et de Savigny. Je citerai, par exemple, le fr. 3, § 13 *De Homine libero exhibendo* (D. XLIII. xxix). Peut-être s'explique-t-il par la nature de l'objet réclamé, qu'il était possible de dérober à toute recherche. En tout cas, il ne saurait l'emporter sur le témoignage des autres textes du Digeste que j'ai rappelés dans ce chapitre.

Qui prétendra mettre en un parfait accord tous les fragments que Tribonien et ses aides ont extraits, mutilés, interpolés, confondus et réunis dans les Pandectes!

58. — Peut-être demandera-t-on comment s'opérait l'exécution des interdits.

C'est une question que je regrette de ne pouvoir éclaircir à défaut de témoignages positifs.

Je suppose que cette exécution ne s'opérait pas toujours de la même manière. Il me semble probable que, lorsque le défendeur reconnaissait qu'il était sous le coup d'un interdit et se refusait à obéir, le magistrat se chargeait lui-même de réprimer cette désobéissance (D. XXIX. III. fr. 2, § 8). Quand, au contraire, on avait renvoyé les parties devant un juge, c'était celui-ci qui veillait sans doute à l'exécution (D. VI. I, fr. 68. — fr, 80. — XLIII. XXIV. fr. 7, § 3.)

CHAPITRE III.

59. — Après avoir déterminé ce qu'il y avait de spécial dans la procédure des interdits, je retracerait sommairement son histoire depuis son origine jusqu'à sa disparition.

I.

60. — Il faut, si je ne me trompe, chercher l'origine des interdits dans les décrets que les magistrats rendaient primitivement, sous le système des actions de la loi.

On sait que, dans l'action *sacramenti*, une des parties obtenait la possession intérimaire de l'objet litigieux en vertu d'une décision provisoire qu'on appelait *decretum*. Tel était aussi le nom des interdits restitutoires et exhibitoires, au temps des jurisconsultes classiques.

Mais ce n'est point là le seul rapprochement qu'on puisse faire entre les décrets du droit civil et les interdits du droit honoraire.

61. — Lorsqu'on lit, dans Tite-Live, (III. cap.

XLIV-XLVIII), le procès de Virginie, on ne peut s'empêcher de voir, en quelque sorte, un interdit dans le décret qu'App. Claudius y rend en faveur de son complice. Le décemvir interpose son autorité entre les parties : « *Inter fatur, decretum interponit,* dit l'historien. Et il le fait pour régler une question possessoire.

Il est vrai qu'il décide la question au fond sans renvoyer les parties devant un juge, comme le préteur l'eût fait sous la procédure formulaire. Mais il est facile de donner une raison plausible de cette différence, et je le ferai tout-à-l'heure.

62. — Au reste, on est surtout frappé des rapports qui existaient entre les décrets et les interdits, si l'on compare les interdits doubles avec l'action *sacramenti.*

Comme dans cette action, les parties se trouvent au commencement de la procédure de l'interdit double, dans une situation parfaitement égale : elles sont, toutes les deux, demanderesses et défenderesses. Dans l'interdit, le *sacramentum* est remplacé par la *sponsio* et la *restipulatio.* Dans l'interdit et dans l'action primitive, le préteur attribue à l'une des parties la possession intérimaire de l'objet litigieux.

En outre, la formule de l'interdit *Utrubi* suppose que le meuble litigieux y était porté devant le magistrat, comme cela se pratiquait dans l'action *sacramenti*. (D. XLIII. XXI. fr. 1, pr. et Gaïus IV. § 16).

Aussi me semble-t-il évident que la procédure des interdits a été calquée sur celle des décrets du droit civil.

63. — On objectera peut-être que, dans les décrets, il n'y avait point la distinction du *jus* et du *judicium* que l'on trouve dans les interdits,

Je répondrai que les décrets était une création du droit civil, et les interdits, une institution du droit honoraire. Si, dans les interdits, le préteur avait jugé le fond même du procès, il y eut eu, dans sa personne une confusion complète du pouvoir législatif et du pouvoir judiciaire. Les Romains avaient su reconnaître et prévenir les inconvénients d'une semblable confusion.

En effet, dans les actions de la loi, le magistrat n'avait pas seulement un rôle théorique : il décidait seul les questions possessoires, et présidait parfois le tribunal des centumvirs, comme Pline le jeune nous l'apprend dans une de ses lettres (V, ep. 21). Il en était tout différemment dans la procédure de l'Édit. Le préteur ne devait pas, en principe, décider le fond d'un procès : Ulpien déclare expressément qu'il n'a pas le droit de se nommer juge, *judex specialis* (D. I. XIV, fr. 4. — Cf. XVIII. fr. 5).

64. — Ainsi la différence qu'il y avait entre

les décrets du droit primitif et les interdits du droit classique, ne doit pas nous empêcher de voir dans les uns les types sur lesquels les autres ont été formés.

II.

65. — Quant aux causes qui amenèrent le préteur à organiser, dans son Édit, une procédure distincte des actions, il est facile de les déterminer dès qu'on accepte la théorie que j'ai développée dans le deuxième chapitre de cette thèse. J'ai fait ressortir les dangers qu'aurait eus une application absolue du système des condamnations pécuniaires. Ils étaient prévenus, grâce à l'exécution directe et forcée des interdits.

66. — Il y avait, en effet, des interdits pour la défense de tous les droits dont la violation exigeait une répression énergique.

C'était eux qui protégeaient les temples, les tombeaux, les chemins, les lieux publics et la liberté des citoyens.

Ils servaient aussi à réprimer la violence et la mauvaise foi ; mais, dans ces cas, on ne les appliquait qu'avec des distinctions remarquables. Par exemple, l'interdit *Unde vi* se délivrait contre l'auteur même de la violence, tandis qu'on n'accordait qu'une action contre ses héritiers

(D. XLIII. XVI, fr. 1, § 48, fr. 2). De même, l'interdit *fraudatorium* était remplacé par une action lorsque la personne qui avait porté préjudice aux créanciers, l'avait fait à son insu (D. XLI. VIII, fr. 10, pr.).

D'une autre part, le préteur était moins favorable pour le demandeur quand celui-ci veillait négligemment à ses intérêts. Paul nous apprend que certains interdits n'étaient délivrés que dans l'année qui suivait la violation du droit qu'ils devaient sauvegarder. Après ce délai, le demandeur n'obtenait plus qu'une action (D. LIII, I, fr. 4).

Enfin, on délivrait un interdit toutes les fois qu'il y avait un intérêt majeur à obtenir la restitution ou la représentation d'un objet. C'est ce que prouve l'interdit *de Tabulis exhibendis*. Si une personne retenait un testament du vivant du testateur, on n'obtenait contre elle que l'action *ad Exhibendum*. Le testament était-il appelé à produire ses effets, par suite de la mort de son auteur, on accordait l'interdit. Il fallait faire alors tout son possible pour arriver à la représentation du testament, afin de connaître les héritiers et les légataires du défunt (D. XLIII. V. fr. 1, § 10, fr. 2, § 5).

Est-il nécessaire de rappeler le rôle important que les interdits jouaient dans toutes les voies d'exécution?

67. — L'exécution forcée des interdits explique également que le préteur délivrât, dans les mêmes circonstances, des actions et des interdits. Ceux-ci permettaient au demandeur d'arriver à une réparation directe du dommage qu'il avait subi. Celles-là n'assuraient qu'une indemnité pécuniaire.

68. — Enfin, le même principe permet de comprendre les détails de la procédure des actions réelles.

Le préteur ne laissait le défendeur en possession de l'objet litigieux que s'il présentait des garanties sérieuses de bonne foi et de solvabilité. Un interdit transférait la possession au demandeur, si celui-ci avait été dépouillé de sa chose par violence par ruse *(clam)* ou par un abus de confiance *(precario)*, ou si le défendeur ne fournissait pas la *cautio judicatum solvi*. Mais le préteur impartial exigeait, dans ce dernier cas, que le nouveau possesseur fournît lui-même la caution ; si non, on suivait la règle : « In pari causa, melior est conditio possidentis. »

Cependant, il semble que, même dans ces circonstances, le préteur témoignait sa sollicitude pour les droits réels. Au moins, je pense qu'on doit appliquer ici la règle du fr. 7, § 2, *Qui satisdare cogantur* (D. II. VIII) : « Si satisdatum pro re mobili non sit, et persona suspecta sit ex qua satis desideratur, apud officium deponi debebit, si hoc judici sederit, donec vel satisdatio detur, vel lis finem accipiat. »

69. — C'est ainsi que l'exécution directe et forcée des interdits explique la création de cette procédure spéciale, ses applications diverses et tout le jeu de la procédure formulaire?

III.

70. — La même théorie donne la raison de la suppression des interdits

Ils n'eurent plus de raison d'être et disparurent, lorsque les actions entraînèrent de nouveau l'exécution directe et forcée. Les droits qu'ils avaient protégés jusqu'alors, le furent, dans la suite, par des actions extraordinaires. Aussi le Digeste ne parle-t il que : *de Interdictis sive extra-ordinariis Actionibus, quæ pro his competunt.* (D. XLIII, I.)

Seulement, on vît disparaître entièrement à cette époque, les interdits qui n'avaient été créés que pour prévenir les inconvénients du système des condamnations pécuniaires. Si bien, qu'on n'en trouve que des vestiges effacés dans les monuments législatifs du règne de Justinien, et qu'il a fallu, pour révéler leur existence, les heureuses découvertes qu'Ang. Maï et M. Endlicher firent, il y a quelques années, dans les bibliothèques de Rome et de Vienne. Je n'ai pas besoin de dire que je veux parler des interdits *Quem Fundum*, *Quam Hæreditatem*, *Quem Usumfructum*.

II. LA TRANSCRIPTION.

---

1. — La transcription d'un acte est l'action de le copier sur des registres publics.

Cette formalité n'est exigée que pour les actes qui sont relatifs à des immeubles. Le législateur l'a établie, afin que les personnes intéressées puissent connaître le propriétaire véritable d'un immeuble, ainsi que les charges dont cet immeuble est grevé. Il a voulu prévenir ainsi la plupart des fraudes qui menacent les acquéreurs de droits réels et particulièrement les créanciers hypothécaires.

Les registres de transcription sont, comme on l'a dit, les registres de l'état civil des immeubles.

— Je me propose d'étudier les règles du droit français en cette matière, sans toucher au côté fiscal du sujet.

— Après avoir rappelé les origines et l'histoire de la transcription, je traiterai dans des chapitres successifs :

I. Des actes qui doivent être transcrits;

II. De la procédure de la transcription ;

III. Des effets de la transcription.

INTRODUCTION.

2. — La transcription a été instituée par une loi de l'Assemblée nationale, et des lois postérieures en ont multiplié les applications. Mais la publicité de la plupart des actes que notre droit actuel soumet à cette formalité, était assurée, sous l'ancien régime, par des formalités différentes. C'est cette publicité que je vais étudier dans le droit ancien, le droit intermédiaire et le droit nouveau.

I. Droit ancien.

3. — Je n'insisterai point sur les formes solennelles et symboliques qui accompagnaient la transmission de la propriété chez les Germains, et qui sont rappelées dans les formulaires de leurs droits. Elles étaient de l'essence même du contrat, et n'étaient pas établies dans un but de publicité. Il n'y a donc point de rapport sérieux entre elles et la transcription dont je recherche ici l'origine.

4. — Il n'en était pas de même d'une autre institution du Moyen Age, qui naquit du droit

féodal, et qui assurait la publicité des ventes, des donations, des constitutions d'hypothèques, etc. Je veux parler du nantissement (1).

Selon les principes du droit féodal, le seigneur se réservait le domaine direct des biens dont il abandonnait le domaine utile à ses vassaux. C'est pourquoi ceux-ci ne pouvaient transférer leurs droits à des tiers sans l'intervention de leur suzerain ou de ses représentants. Un juge royal ou seigneurial devait présider à tout acte d'aliénation. C'est entre ses mains que l'une des parties se dessaisait de son droit, pour qu'il en saisit l'autre. Après cette investiture, on en dressait un acte qui était enregistré au greffe du juge, où les tiers pouvaient se le faire communiquer.

Il est curieux de remarquer que certaines coutumes exigeaient ces formalités pour la perfection de tous les actes que la loi du 23 mars 1855 soumet à la nécessité de la transcription, à l'exception des cessions et quittances de loyers et fermages.

— Le nantissement (qui recevait les noms les plus divers) fut primitivement en usage dans toute la France. Mais, par la suite, il ne se conserva que dans les provinces du Nord : la Picardie, l'Artois,

(1) Merlin. — *Répertoire de jurisprudence. V° Devoirs de loi, Nantissement.*

la Flandre, etc. Ces pays restèrent fidèles aux traditions féodales jusqu'au XVIIIe siècle : l'usage du nantissement y fut abrogé, quant aux constitutions d'hypothèques, par l'édit de juin 1771 (art. 35), et, quant aux autres contrats, par la loi du 19 septembre 1790 (art. 3).

Cette fidélité s'explique par les effets heureux d'un régime de publicité Les pays de nantissement comprenaient les avantages d'une formalité dont les autres provinces n'avaient vu que les embarras. Aussi Charles V et Philippe II publièrent, le 10 février 1538 et le 8 décembre 1586, deux placards qui étendirent à toute la Flandre les règles du nantissement, « pour prévenir les fraudes et les stellionats. »

En effet, d'après les coutumes des pays de nantissement, l'acquéreur d'un immeuble n'était propriétaire, en vertu de son contrat, qu'à l'égard des tiers qui n'avaient pas sur cet immeuble de droit dont ils fussent nantis antérieurement ; et, de plusieurs acquéreurs successifs, le premier nanti était préféré et pouvait opposer son titre à tous les autres. Il était donc facile de ne pas être trompé, quand on voulait acquérir un fonds de terre ou un bâtiment. Les registres du greffe faisaient connaître le véritable propriétaire ainsi que les charges de l'immeuble ; et puis l'acquéreur devait se faire nantir le plus tôt possible, pour se mettre à l'abri contre des aliénations postérieures.

— Ces avantages n'avaient pas été appréciés par la plupart des provinces de la France, qui revinrent aux principes du droit romain sur la transmission de la propriété, tels qu'ils étaient compris par les anciens romanistes. On n'exigea plus que la tradition des biens aliénés, et, malgré l'opposition de jurisconsultes éminents, on se contenta même d'une tradition feinte ou consensuelle. Ainsi la propriété put être transférée par la clause d'un contrat, sans qu'un signe extérieur révélât cette mutation aux tiers et Ant. Loysel put dire au XVIIe siècle : « Dessaisine et saisine faite en présence de notaires et de témoins vaut et équipolle à tradition et délivrance de possession (1). »

5. — Cependant la coutume de Bretagne (art. 269) organisait un système de publicité pour les droits réels sur les immeubles : l'*Appropriance*, qui avait de nombreux rapports avec le nantissement.

L'acquéreur qui voulait jouir de son droit sans craindre d'être troublé, devait en prendre possession « actuelle » et faire « trois bannies, tant du dit contrat que de la prise de possession, par trois jours de dimanche consécutifs...... inconti-

(1) *Institutes coutumières*, n° 746.

nent après l'issue de la grand'messe, en la congrégation du peuple,..... en la paroisse » où les choses acquises étaient situées. Si personne ne s'opposait à la prise de possession en vertu d'un droit réel, l'acquéreur était approprié, et son droit, purgé.

En 1626, un édit de Nantes, pour prévenir des fraudes, exigea que le contrat d'acquisition fut, en outre, enregistré à des greffes spéciaux avant la prise de possession.

6. — J'ai dit que la tradition suffisait d'après la plupart des coutumes, pour transférer les droits réels. Cependant ce principe fut modifié à l'égard des aliénations à titre gratuit par l'ordonnance de 1539 (art. 132). François Ier rétablit une formalité du droit romain, l'*insinuation*, qui avait été introduite par Constance Chlore, si l'on en croit une constitution de son fils. (C. TH. III, XV, c. 1.)

Sous l'ordonnance de 1539, on décidait que l'insinuation était de l'essence des donations, et que le donateur lui-même pouvait en invoquer l'inaccomplissement, afin d'obtenir l'annulation de sa libéralité. L'ordonnance de Moulins (1566), par son art. 58, restreignit ce droit aux ayant-cause et aux créanciers du donateur. Et ces principes furent confirmés par l'ordonnance de 173 ', qui réglementa définitivement cette matière.

L'insinuation consistait dans l'enregistrement de l'acte de donation à des greffes spéciaux. Elle avait un effet rétroactif au jour du contrat, pourvu qu'on la fit dans un délai qui variait de quatre à six mois, selon qu'il s'agissait, ou non, de personnes présentes et de biens situés dans le royaume. Après ce délai, elle ne produisait plus d'effet qu'à sa date ; mais on pouvait la faire valablement tant que le donateur vivait.

Elle s'appliquait également aux donations de meubles et d'immeubles.

— Cette formalité fut surtout exigée dans l'intérêt des héritiers, qui acceptaient souvent une succession onéreuse par ignorance des donations clandestines qui avaient absorbé la fortune de leur auteur.

7. — Ce fut dans un intérêt différent qu'une ordonnance d'Henri II (1553) établit la publicité des substitutions. Il voulut protéger les tiers contre les manœuvres frauduleuses dont les grevés de substitution se rendaient coupables. Mais son ordonnance resta sans effet (1), parce qu'elle ne prononçait pas de nullités.

La publicité des substitutions ne date réellement que de l'Ordonnance de Moulins (art. 57), dont

(1) Ricard. — *Des substitutions directes et fidéicommissaires*, n° 118.

les dispositions furent légèrement modifiées par l'ordonnance d'août 1747 (titre II).

Les appelés ne pouvaient opposer une substitution fidéicommissaire aux ayant-cause à titre onéreux du grevé, que lorsque cette substitution avait été publiée et enregistrée. La *publication* se faisait dans un siége royal, « en jugement, l'audience tenante, » et elle était enregistrée au greffe (article 18). Le siége compétent était celui dont ressortissait le domicile de l'auteur de la substitution, et, pour les immeubles, celui dans le ressort duquel les biens étaient situés (art. 19).

8. — La publicité des saisies immobilières fut également organisée au XVIe siècle. Des ordonnances royales avaient posé, en 1539 et 1551, les principes d'une réforme en cette matière. Mais les différents parlements, développèrent en divers sens, selon les usages locaux, les dispositions de ces ordonnances (1).

Le Parlement de Paris, par exemple, ordonna par un arrêt de règlement du 23 novembre 1598, l'enregistrement au greffe du procès-verbal de saisie. Au reste, cet usage devint général. En outre, un édit de Louis XIII (1626), créa des offices de commissaires aux saisies réelles, et ordonna un second enregistrement aux bureaux de

(1) J. Tambour — *Des voies d'exécution*, I[1], p. 264.

ces officiers. Il doubla par cette mesure, une publicité qui devait permettre aux créanciers de connaître l'existence et les détails des saisies.

L'enregistrement des procès-verbaux devait se faire dans les six mois, sous peine de nullité.

II. DROIT INTERMÉDIAIRE.

9.— Les diverses formalités que je viens de rappeler furent abolies par le droit intermédiaire à l'exception de l'insinuation.

La plupart de ces changements eurent pour cause les réformes politiques et sociales qui suivirent la Révolution française.

Ainsi un décret du 19 septembre 1792 supprima la publication et l'enregistrement des substitutions avec les substitutions elles-mêmes, afin de proscrire une institution aristocratique.

10.— A cette époque, le nantissement avait déjà subi le même sort.

Mais l'Assemblée nationale avait voulu faire disparaître ce vestige de la féodalité, sans priver les provinces du nord du régime de publicité dont elles jouissaient depuis des siècles Aussi la loi du 19 septembre 1790 substitua-t elle au nantissement « la transcription des grosses des contrats d'aliénation ou d'hypothèque, » (art. 4). Cette transcription dut se faire au greffe « des tribunaux de district de la situation des biens ».

Elle produisait les mêmes effets que la formalité qu'elle remplaçait.

— La loi du 19 septembre 1790 ne s'appliquait qu'aux pays de nantissement.

11.—La loi du 9 messidor an III, voulut étendre à la France entière un régime de publicité analogue. Mais son exécution fut suspendue jusqu'au jour où elle fut abrogée. Il est donc inutile d'en exposer ici les détails.

12.—Ce fut la loi du 11 brumaire an VII, *Sur le régime hypothécaire*, qui organisa pour toute la France la publicité des droits réels sur les immeubles.

Son art. 26 décida que « les actes translatifs de biens et droits susceptibles d'hypothèques » devaient « être transcrits sur les registres du bureau de la conservation des hypothèques dans l'arrondissement duquel les biens » étaient « situés », et que, jusqu'à l'accomplissement de cette formalité, ces actes ne pourraient « être opposés aux tiers qui auraient contracté avec le vendeur et qui se seraient conformés aux dispositions » de la loi.

En vertu de cet article, on reconnut à la transcription le pouvoir de dessaisir le vendeur et de saisir l'acheteur. « Le vendeur était censé, du moins dans l'intérêt des tiers, avoir conservé la propriété de l'immeuble aliéné;... il pouvait aliéner de nouveau ; ... contracter de nouvelles dettes et hypothéquer, pour leur sûreté, les immeubles déjà vendus (1). »

La transcription avait encore pour effet :

1° D'arrêter le cours des inscriptions hypothécaires à l'égard des créanciers du vendeur ;

2° De sauvegarder le privilége du vendeur, à la condition que le conservateur des hypothèques prît d'office une inscription sur ses registres pour le montant du prix de vente (art. 29).

— D'après ces principes, l'acquéreur qui voulait consolider son droit et l'affranchir de toute charge, faisait transcrire son contrat, demandait au conservateur des hypothèques l'état des charges qui grevaient son immeuble, et suivait la procédure de la purge à l'égard des créanciers que cet état lui faisait connaître.

13. — La loi du 11 brumaire an VII ne modifia point les règles de l'ordonnance de 1731 sur les donations. Aussi les donations d'immeubles furent alors soumises à la double formalité de l'insinuation et de la transcription. Cet état de choses dura jusqu'au 13 floréal an XI, jour de la promulgation de la loi qui forme, au Code Napoléon, le titre *des Donations entre-vifs et des Testaments* (III. II).

(1) Merlin. — *Répertoire*, v° *Transcription*. § 13.

III. DROIT NOUVEAU.

14.— Les rédacteurs du Code se trouvèrent en présence de deux systèmes sur la transmission de la propriété immobilière. Devaient-il revenir aux principes du droit coutumier ou consacrer la réforme de la loi de brumaire? Ils hésitèrent longtemps entre les deux partis, et finirent par n'en prendre aucun en termes formels.

—Lorsqu'ils discutèrent le titre *des Donations,* ils réservèrent la question de principe ; mais ils tombèrent d'accord pour soumettre les donations et les substitutions à un régime de publicité qui remplaçât l'insinuation et la publication de l'ancien droit.

Au titre *des Contrats et Obligation conventionnelles*, ils décidèrent que « les effets de l'obligation de donner ou de livrer un immeuble » seraient « réglés au titre *de la Vente* et au titre *des Priviléges et Hypothèques.* » (Art. 1140.)

Cependant ils ne les réglèrent pas, lorsqu'ils discutèrent les principes de la vente, et ils se contentèrent de déterminer, dans l'art. 1583, les effets de ce contrat « entre les parties.»

— Enfin ils arrivèrent au titre *des Priviléges et Hypothèques,* et ils se virent forcés de comparer les deux systèmes qui comptaient égalemeit parmi eux des partisans distingués.

Le projet du titre renfermait un art. 91 qui reproduisait littéralement l'art. 26 de la loi de brumaire, Il fut, au Conseil d'Etat, l'objet d'une vive discussion qui porta en même temps sur l'art. 92 et qui finit à l'avantage des partisans de transcripuon. Au moins le procès-verbal de la séance se termine par ces mots :

« Le Conseil d'Etat adopte en principe :

» 1° Que la disposition de l'art. (91) n'est pas applicable aux contrats de vente antérieures à la loi du 11 brumaire;

» 2° Que la transcription du contrat ne transfère pas à l'acheteur la propriété lorsque le vendeur n'était pas le propriétaire.

— » Les deux art. (91 et 92) sont renvoyés à la section pour les rédiger dans le sens des amendements adoptés (1). »

L'art. 92 reparut dans le projet définitif, et il n'est autre que l'art. 2182 C. N. Quant à l'art 91 on ignore ce qu'il devint Il disparut du projet définitif, et ne fut réclamé par personne.

Fut-il *escamoté* par les adversaires de la transcriptien? — On l'a dit ; mais j'en doute. Ce fut,

(1) FENET. — *Recueil des travaux préparatoires*, XV, p. 391.

en effet, Treilhard, défenseur du système de l'an VII au Conseil d'Etat, qui présenta le titre *des Priviléges et Hypothèques* au Corps législatif, et le tribun Grenier déclara, en sa présence, que la transcription n'était « plus nécessaire. . pour la transmission des droits du vendeur à l'acquéreur, respectivement à des tiers, ainsi que l'avait voulu l'art. 26 de la loi du 11 brumaire an VII (1). »

Quoiqu'il en soit, l'art. 91 disparut, et sa suppression a rendu incohérentes un certain nombre des dispositions du Code.

— Ce fait surprend singulièrement, quand on songe à l'organisation des pouvoirs sous la constitution de l'an VIII. On le comprendrait, si le Corps législatif avait eu le droit d'introduire dans les lois « à l'improviste de ces amendements qui dérangent souvent toute l'économie d'un système et l'ensemble du projet primitif (2). » Mais il n'en était rien, et ce fut le Conseil d'Etat qui troubla lui-même l'économie de son propre projet.

15. — Ainsi le Code Napoléon n'a pas consacré le système de la loi du 11 brumaire an VII.

(1) *E. L.*, p. 505.

(2) *Prologue de la Constitution de 1852.*

Néanmoins des jurisconsultes éminents ont prétendu trouver, dans les art. 2108, 2180, 2181, 2189 et 2198, la preuve que la transcription était maintenue avec ses anciens effets.

Mais un avis du conseil d'Etat du 11 fructidor an XII a solennellement déclaré le contraire.

— La jurisprudence et la majorité des auteurs ont admis, depuis cette époque, que le simple consentement transférait absolument la propriété des immeubles.

La transcription des actes à titre onéreux n'eût plus que les effets suivants :

1° Elle conservait le privilége du vendeur (art. 2108) ;

2° Elle était nécessaire au tiers acquéreur d'un immeuble hypothéqué pour qu'il pût prescrire l'hypothèque par dix ou vingt ans (art. 2180) ;

3° Elle était la première formalité de la purge (art. 2181).

Les inconvénients de ce système se firent sentir promptement.

16. — Le simple consentement, qui transférait la propriété, arrêtait également le cours des inscriptions de privilèges ou d'hypothèques. Aussi les créanciers ne pouvaient jamais savoir s'il s'inscrivaient utilement. Un tiers-acquéreur

pouvait toujours venir les priver de leurs garanties, en présentant un acte d'une date certaine et antérieur à leur inscription.

Le Code de procédure voulut prévenir ce genre de fraude.

Son art. 834 permit aux créanciers privilégiés ou hypothécaires de s'inscrire jusqu'à la transcription de l'acte d'aliénation de leur débiteur et dans la quinzaine qui suivrait cette transcription.

— En outre, l'art. 680 rétablit la publicité du procès-verbal des saisies immobilières, que la loi du 11 brumaire an VII, *Sur les expropriations forcées*, n'avait pas exigée : Ce procès-verbal dut être transcrit au bureau des hypothèques, ainsi qu'au greffe du tribunal où la vente devait se faire.

17. — Cette dernière disposition fut modifiée par la loi du 2 juin 1841, qui réforma les titres du Code de procédure sur la saisie-immobilière.

Le nouvel art. 678 n'exigea la transcription du procès-verbal de saisie et de l'exploit de dénonciation, qu'au bureau des hypothèques de la situation des biens.

La transcription au greffe du tribunal fut supprimée par voie de prétérition.

18. — La loi du 2 juin avait été précédée, de quelques jours, par une loi sur l'*Expropriation*

pour cause d'utilité publique, qui fit une application nouvelle de la transcription.

L'art. 16 de cette loi soumit à cette formalité les jugements d'expropriation.

Les effets de cette transcription furent réglés par l'art. 17.

19. — A cette époque, le gouvernement conçut le projet de réformer la législation hypothécaire. Le ministre de la justice fit ouvrir une enquête à ce sujet, et consulta les cours royales et les facultés de droit. Les cours et les facultés furent presque unanimes pour demander le rétablissement de la transcription.

20. — Ce ne fut pourtant que sous la seconde république, que le législateur s'occupa sérieusement de la réforme hypothécaire.

L'Assemblée législative, qui renfermait de vrais jurisconsultes, discuta un remarquable projet de loi sur cette matière, qui fut adopté à la seconde lecture, mais qui n'arriva pas à la troisième !

Ce projet consacrait le principe de la publicité des mutations. Mais il n'ordonnait point la transcription des titres; il prescrivait qu'on en déposât une expédition au bureau des hypothèques. Cette formalité était désignée sous le nom de *réalisation,* qui avait été en usage dans les pays de nantissement, et qui indiquait que le droit de l'acquéreur devenait réel ou absolu par sa publicité.

Cette expression qui était très-bien choisie, fut cependant effacée du projet à la suite d'un incident regrettable. Elle excita l'étonnement de M. Dupin, président de l'Assemblée, qui ne la comprit point d'abord ; et qui, après de graves recherches, se chargea de l'expliquer (1) aux représentants de la France, pour la faire rejeter. Les membres de la commission essayèrent vainement de défendre le terme qu'ils avaient choisi, et proposèrent ensuite de le remplacer par celui de *publication*. Mais ils ne purent faire accepter ce changement. On donna définitivement le nom de *transcription* à une formalité qui consistait dans un simple dépôt.

Il n'en est pas moins déplorable que l'Assemblée législative n'ait pas achevé son œuvre.

21. — La commission qui avait été saisie du projet de loi sur les priviléges et les hypothèques, l'avait été également d'un projet d'organisation

(1) « Le propriétaire allait devant le Seigneur, et là, il se dévêtait de sa propriété. C'était un hommage, comme s'il avait ôté sa veste pour la donner à son seigneur. Le seigneur, ainsi investi de sa propriété, investissait l'acheteur : c'est cette opération de vest et de dévest qu'on appelait *réalisation*. » (*Moniteur* du 16 février 1851).

du crédit foncier. Mais elle subordonna sagement la discussion de ce second projet à l'adoption du premier. M. de Vatisménil en donna la raison dans son rapport ; il y dit des sociétés de crédit foncier : « Ces associations ou établissements ne peuvent ni se former d'une manière raisonnable, ni (en les supposant formés) atteindre leur but qu'autant que les lois offrent aux prêteurs une sûreté complète et la perspective d'un prompt remboursement (1). »

Cependant, après le 2 décembre, le Président de la République, en vertu des pouvoirs qui lui furent conférés à cette époque, publia le 28 février 1852 un décret *sur les Sociétés de crédit foncier*, sans le faire précéder de la réforme hypothécaire.

Aussi, au mois de janvier 1855, M. Ad. de Belleyme vint dire au Corps législatif : « Le crédit foncier lutte avec peine contre les difficultés d'une loi vicieuse ; ses opérations s'en ressentent ; son développement en souffre (2) ? »

22. — Ce fut à l'occasion de cet état languissant du crédit foncier, qu'on prépara une loi *sur les transcriptions en matière hypothécaire*, qui pré-

(1) *Moniteur* du 26 avril 1850.

(1) *Rapport sur le projet de loi sur la transcription.*

tendait rétablir et étendre le système de la loi du 11 brumaire an VII.

Cette loi a été promulgée le 23 mars 1855. — C'est elle dont j'aurai surtout à m'occuper dans la suite de ce travail.

25. — Depuis l'an 1855, il n'y a eu qu'un article de la loi du 21 mai 1858 qui ait modifié les règles de notre droit sur la transcription.

CHAPITRE I.

24. — Il n'y a que les actes relatifs à des immeubles qui soient sujets à la transcription.

Ces immeubles sont :

1° Les fonds de terre ;

2° Les constructions inhérentes au sol;

3° Les mines régulièrement concédées;

4° Les actions de la Banque de France et des canaux d'Orléans et du Loing immobilisées en vertu des décrets du 16 janvier 1808 et du 16 mars 1810.

Mais il ne faudrait pas regarder comme des actes relatifs à des immeubles, ceux qui transféreraient des droits sur une certaine quantité de terre ou de pierre à extraire d'un fonds; sur une récolte ou sur une coupe de bois à détacher du sol; sur les matériaux d'une maison à démolir. Ces actes auraient pour objet des meubles futurs. Ils seraient dispensés de toute publicité, aussi bien que ceux qui concerneraient particulièrement des immeubles par destination.

— Des questions délicates s'élèvent au sujet des minières et des carrières.

Il faut distinguer avec soin les conditions sous lesquelles les propriétaires concèdent le droit de les exploiter. Cette concession peut être un bail, une servitude ou une vente de meubles, et donner lieu à l'application des règles différentes de la transcription des baux, des servitudes et des ventes. Il y a bail, si la concession est faite à charge d'une redevance périodique. Il y a servitude, quand l'exploitation est cédée « pour l'usage et l'utilité » d'un autre fonds (art. 637, C. N.). Il y a vente de meubles, lorsque le propriétaire a abandonné, pour un prix unique, le droit d'exploiter indéfiniment la minière ou la carrière, sans qu'il ait aliéné une partie de la surface ou du dessous de son bien.

25. — Ainsi tous les actes qui doivent être transcrits, sont relatifs à des immeubles. Mais tous les actes relatifs à des immeubles ne doivent pas réciproquement être transcrits. Pour déterminer

ceux qui sont soumis à cette formalité, je considérerai :

I. Les actes des personnes privées ;

II. Les jugements ;

III. Les saisies immobilières.

I. Actes des personnes privées.

26. — La transcription s'applique également aux actes authentiques et aux actes sous seing privé.

Le conservateur des hypothèques ne peut refuser de copier sur ses registres que les actes qui n'ont pas été enregistrés. Il ne doit pas, en effet, faire de transcription dont les droits n'aient point été acquittés. Or ces droits se payent en même temps que ceux d'enregistrement.

27. – J'étudierai séparément les actes qui transfèrent des droits réels, et ceux qui se rattachent au contrat de louage.

§ 1.

27. — La transcription doit assurer la publicité des droits réels. Mais il est de ces droits (les priviléges et les hypothèques) qui sont publiés à l'aide d'une formalité différente, l'*inscription*. Il est aussi des actes qui confèrent des droits réels

susceptibles d'être transcrits, et qui ne sont soumis à aucune condition de publicité.

Il faut donc rechercher quels sont les droits réels auxquels la transcription s'applique, et quels sont les actes translatifs de ces droits, qui doivent être transcrits.

28. — La loi du 23 mars 1855 a multiplié les droits auxquels la transcription s'applique (art. 1 et 2).

Ce sont :

1° *Le droit de propriété.*

— J'assimile à ce droit celui que le contrat de *superficie* ou le bail *à domaine congéable* donnent sur les constructions qui se trouvent ou qu'on élève sur un fonds étranger.

— L'action en revendication d'un immeuble se confond avec le droit de propriété.

— Au contraire, il faut en distinguer les créances qui ont des immeubles pour objet.

2° *Les droits susceptibles d'hypothèques.*

— Cette expression qui se trouve dans l'art. 939 C. N. et dans l'art. 1 de la loi de 1855, a donné lieu à des controverses nombreuses.

Des jurisconsultes autorisés soutiennent qu'elle désigne, dans l'art. 939, non-seulement les droits énumérés par l'art. 2118 C. N., mais encore les servitudes, l'usage et l'habitation. Ils prétendent que le propriétaire qui aliène ces droits, dispose d'une partie de son droit de propriété. Or le droit de propriété est susceptible d'hypothèques.

Je ne saurais accepter cette argumentation subtile qui viole évidemment l'art. 2118. Cet article me semble donner le sens véritable de l'art. 939. Il déclare que la propriété et l'usufruit sont seuls susceptibles d'hypothèques.

La loi de 1855 confirme cette interprétation puisqu'elle distingue des biens susceptibles d'hypothèques les servitudes, l'usage et l'habitation.

— Je me fonde également sur l'énumération restrictive de l'art. 2118, pour ne soumettre le bail *emphythéotique* qu'aux règles de la transcription des baux.

Il est vrai que la jurisprudence et la majorité des auteurs voient dans l'emphythéose un droit réel. Mais je suis porté vers l'opinion contraire de certains jurisconsultes Quelle que soit d'ailleurs la nature de ce droit, il est incontestable qu'on viole l'art. 2118, lorsqu'on y voit un droit susceptible d'hypothèques.

3° *L'antichrèse.*

— L'antichrèse est, en outre, rendue publique par la remise que le propriétaire doit faire à son créancier de l'immeuble qu'il donne en nantissement (art. 2071 C. N)

(1) M. Mourlon. — *Répétitions* (5e éd.), II, p. 347.

4° *Les Servitudes.*

—La loi ne distingue pas entre les diverses espèces de servitudes, bien que la nature des servitudes apparentes eût suffit pour assurer leur publicité.

5° L'*Usage* et l'*Habitation.*

29. — Quant aux actes qui doivent être transcrits, on peut dire, en principe, que ce sont les actes entre-vifs constitutifs ou translatifs des droits réels que je viens d'énumérer.

L'art. 1 de la loi de 1855 ne parle que des actes « translatifs... des droits réels susceptibles d'hypothèques. » Il ne faudrait pas en déduire que les actes constitutifs d'un usufruit sont dispensés de publicité. Le législateur a commis une inexactitude de rédaction qui ne peut tromper sur ces intentions véritables.

L'art. 2 ne parle, au contraire, que des actes « constitutifs d'antichrèse, de servitude, d'usage et d'habitation ; » et l'on en comprend sans peine la raison : de tous ces droits, le premier seul est cessible.

Je vais déterminer maintenant les applications de la règle que je viens de poser pour les actes qui doivent être transcrits, et rechercher les cas où l'on y déroge, en passant en revue les diverses espèces d'actes et de contrats.

30. — 1° *Donations entre-vifs.*

L'art. 939, C. N., que la loi de 1855 n'a point modifié, exige la transcription des donations de biens susceptibles d'hypothèques, et celle de l'acte qui notifie « l'acceptation qui aurait eu lieu par acte séparé. » Cette disposition ne s'applique, d'après ce que j'ai déjà dit, qu'aux donations de droits de propriété ou d'usufruit sur des immeubles. Quant aux constitutions de servitudes ou de droits d'usage et d'habitation, le Code ne les a pas soumises à un régime de publicité.

— La loi de 1855 l'a-t-elle fait ?

M. Troplong l'affirme en se fondant sur la généralité des termes de l'art. 2 (1), et la jurisprudence suivra sans doute cette opinion pour des raisons d'utilité.

Je ne l'en crois pas moins mal fondée. Il ressort, en effet, de la discussion du Corps législatif, que l'expression « tout acte » de l'art. 2, a le même sens que l'expression « tout acte entre-vifs » de l'art. 1 (2). Or, personne ne prétendra que ce dernier article se rapporte aux donations, puisque le dernier paragraphe de l'art. 2, déclare qu'il

(1) *Sur la Transcription* (1856), n° 110-113.

(2) *Discours de M. Ad. de Belleyme.* — (*Moniteur* du 15 janvier 1855.)

n'est point dérogé aux dispositions du Code sur la transcription des actes de libéralité.

— On a souvent demandé, si l'art. 939 s'applique aux *institutions contractuelles* et aux donations *entre époux*.

Je le pense. On ne saurait invoquer contre cette décision aucune des raisons qu'on a fait valoir pour dispenser de la transcription les dispositions testamentaires. Le respect des volontés dernières n'est pas en jeu, et les donataires connaissent les libéralités qui leur sont faites, puisqu'ils doivent les accepter expressément.

La transcription des actes dont je parle, produira des effets importants, bien que les donataires n'acquièrent par eux que des droits révocables. Elle préviendra, dans le cas d'institutions contractuelles, les aliénations à titre gratuit que le donateur voudrait faire et toutes les aliénations que ses héritiers se permettraient. Dans le cas de donations entre époux, elle rendra ces actes opposables aux tiers qui traiteraient avec les héritiers de l'époux donateur.

— Depuis la loi de 1855, il est incontestable que les donations déguisées ou grevées de charges, doivent être transcrites.

31. — 2° *Testaments.*

Le législateur, en 1803 et en 1855, n'a pas

voulu soumettre la validité des dispositions testamentaires à une condition de publicité. Il n'a fait d'exception que pour un cas particulier que j'étudierai tout à l'heure. Cependant, si l'on admet que le légataire à titre particulier peut purger l'immeuble légué, il faut décider que, lorsqu'il voudra le faire, il devra commencer par transcrire le legs.

32. — 3° *Donations entre-vifs et Testaments qui portent une substitution.*

L'art. 1069 C. N. exige la transcription des dispositions de ce genre qui auraient un immeuble pour objet.

33. — 4° *Ventes.*

— Sous l'empire du Code Napoléon, la transcription des ventes n'était pas nécessaire à la perfection de ces contrats. Il n'en est plus ainsi depuis la loi du 23 mars 1855. Son premier article ordonne de transcrire « tout acte entre-vifs, translatif de propriété immobilière (A). »

Il n'y a pas à distinguer entre les ventes pures

A. — On sait que la loi de 1855 n'est devenue exécutoire qu'à partir du 1er janvier 1856 (art. 10); elle n'exige pas la transcription des actes qui ont acquis une date certaine, ni des jugements qui ont été rendus avant cette époque (art. 11).

et simples, et les ventes conditionnelles, à terme, alternatives, etc.

— Dans le cas de ventes conditionnelles, on ne mentionne pas sur les registres du conservateur des hypothèques l'accomplissement ou l'inaccomplissement de la condition.

Cette règle s'applique aux ventes *à pacte de rachat* : le vendeur qui reprend son immeuble n'a pas à publier la résolution du premier contrat, pourvu qu'elle se fasse à l'amiable.

Je parlerai plus tard des règles spéciales aux résolutions qui se font par les voies judiciaires.

— Les *promesses de vente* synallagmatiques ou unilatérales ne doivent pas être transcrites, parce qu'elles ne créent (à mon avis) que des obligations.

— Les *dations en payement* équivalent à des ventes et sont soumises aux mêmes règles

On devra donc transcrire tous les actes par lesquels un époux acquiert un immeuble de son conjoint en payement de ses droits.

Il en est de même des prélèvements qu'une femme exerce sur les biens de la communauté quand elle y renonce.

— La *cession de biens* volontaire présente les caractères et suit les règles de la dation en payement, lorsque le débiteur abandonne à ses créanciers la propriété de ses biens.

S'il ne leur transmet que le droit de les faire

vendre, la cession n'a plus la même nature. Elle ne constitue alors qu'un mandat qui ne doit pas être transcrit. Le débiteur conserve le pouvoir d'aliéner, et les droits qu'il confère, primeront ceux des personnes qui auraient traité avec les créanciers, s'ils sont publiés antérieurement.

— Une question délicate s'élève au sujet des retraits (art. 841, 1408 et 1699 C. N.). Les retraits ne sont pas des ventes nouvelles, mais des subrogations d'acheteur à acheteur, qui ne transfèrent point de droit réel. On en déduit généralement qu'il n'est pas nécessaire de les transcrire.

Je préfère la solution opposée, parce que je vois dans l'acte de retrait un acte accessoire à la première vente, qu'il est nécessaire de transcrire, afin de parfaire la publicité du contrat principal.

Dira-t-on que, dans les cas des art. 841 et 1408, le retrait n'est qu'une opération de partage? — Cette objection n'est pas fondée, puisque la première vente subsiste, et qu'elle a été faite à un étranger.

34. — 5o *Échanges.*

— Les actes d'échange, quant à la transcription, suivent les règles de la vente.

35. — 6° *Contrats de mariage.*

— L'art. 1 de la loi de 1855 s'applique aux

contrats de mariage qui confèrent des droits sur des immeubles.

Il y a donc lieu de transcrire le contrat qui renferme une clause d'ameublissement déterminé, en vertu de laquelle un des époux fait tomber un de ses immeubles en communauté.

Il en serait de même pour une clause de communauté universelle qui comprendrait des immeubles.

— Que faut-il décider pour les contrats qui attribuent à la communauté ou au mari la jouissance des propres de la femme?

Ce droit de jouissance, qu'on a comparé parfois à l'usufruit, me paraît être un droit spécial qui a ses règles particulières. Son origine et sa nature répugnent à toute idée de cession partielle ou totale, et le mari ne peut (je crois) ni l'aliéner, ni le grever d'hypothèques. Je ne pense donc point qu'il soit nécessaire de le publier.

D'ailleurs, cette question n'est guère intéressante que pour le cas où la femme se constitue un immeuble en dot à titre particulier. Dans les autres circonstances, la publication du contrat ne profiterait point au mari, puisque, en sa qualité d'usufruitier universel ou à titre universel, il serait tenu des obligations de sa femme, dont la cause serait antérieure au mariage.

36. — 7° *Sociétés.*

— On doit transcrire également, en vertu de l'art. 1 de la loi de 1855, les actes de société, lorsque l'apport de l'un des associés consiste dans un droit de propriété, d'usufruit, d'usage, etc., sur un immeuble.

Ce droit appartiendra à la société, quand celle-ci formera une personne morale, ou à chaque associé, pour sa part, dans les cas où l'on n'admettra point la personnalité de la société.

37. — 8° *Transactions.*

— La plupart des auteurs voient dans la transaction un acte déclaratif de droit et dispensent de la transcrire.

Mais on a fait remarquer avec raison que dans toute transaction honnête, où l'une des parties renonce à ses droits en faveur de l'autre, celle-ci entend acquérir les droits du renonçant, et s'en prévaloir au besoin. La transaction est donc translative, et elle doit être publiée, quand elle a un immeuble pour objet. Il est évident que je parle d'un immeuble litigieux.

Personne ne doute qu'il faudrait transcrire l'acte de transaction, si l'une des parties renonçait à ses droits contestés, au prix d'un immeuble sur la propriété duquel il ne s'élèverait aucun débat.

38. — 9° *Nantissement.*

— On sait que les actes constitutifs d'antichrèse doivent être transcrits.

Il n'en serait pas de même de l'acte par lequel le créancier antichrésiste céderait son droit à un autre.

39. — 10° *Actes de renonciation.*

— Les deuxièmes paragraphes des art. 1 et 2 de la loi de 1855 ordonnent de transcrire les actes de renonciation aux droits de propriété, d'usufruit, d'antichrèse, de servitude, d'usage ou d'habitation.

Il n'est pas facile de savoir dans quel intérêt, l'une de ces dispositions énumère les derniers de ces droits. Ils ne sont pas cessibles et leur extinction ne prête pas à la fraude. Le législateur a été probablement entraîné, dans l'art. 2, par la passion de la symétrie.

— Il est également regrettable qu'il n'ait pas exprimé sa pensée avec une précision suffisante. Au moins, il me semble qu'il ne faut pas prendre la loi à la lettre. Je crois qu'il est conforme à son esprit, tel qu'il se manifeste dans le premier paragraphe de l'art. 1, de n'exiger que la transcription des actes de renonciation qui transfèrent des droits acquis, à des personnes déterminées.

— Aussi je pense que les actes qui anéantissent rétroactivement les droits de celui qui renonce, ne sont pas régis par la loi nouvelle. Telle est la renonciation d'un héritier à une succession, d'un légataire à un legs, d'une femme mariée à la communauté. La publicité de la plupart de ces actes est d'ailleurs assurée par leur enregistrement au greffe des tribunaux de première instance.

— Quant aux actes par lesquels une personne renonce à une action en nullité ou en résolution, ou à une prescription acquise, je pense qu'ils doivent être transcrits.

M. Troplong décide le contraire, parce qu'il ne voit dans ces actes qu'une « reconnaissance déclarative du droit d'un tiers (1). »

J'y vois une abdication véritable, et les art. 1338 et 2225 C. N. me confirment dans cette idée, puisqu'ils déclarent que les ayant-cause et les créanciers de la personne qui renonce, peuvent ne pas tenir compte de cette renonciation.

40. — Il y a également transmission de droits, quand deux parties s'accordent pour résilier leur contrat, sans que l'une d'elle n'ait été dans l'impossibilité d'exécuter ses engagements

On devra donc transcrire l'acte de résolution,

(1) Sur *la Transcription*, n° 96.

lors même que le premier contrat n'aurait pas été transcrit. Le vendeur serait autrement à la merci de l'acheteur. Celui-ci pourrait toujours faire transcrire postérieurement le contrat résilié, et revendre une seconde fois le même immeuble.

Si la résolution a lieu, parce qu'une des parties ne satisfait point à ses engagements, il n'est pas nécessaire de la publier. Je suppose une résolution à l'amiable. Si elle était prononcée par un jugement, elle devrait être mentionnée à la marge du contrat primitif sur les registres de transcription.

41. — Le projet de la loi de 1855 (art. 1 et 7) ordonnait la transcription des partages et de tous les actes déclaratifs de droits réels ; mais la commission du Corps législatif a fait supprimer cette disposition.

Les partages et les actes qui s'y rattachent : les licitations, les rapports, les prélèvements, etc., ne doivent donc pas être transcrits.

Je ne parle évidemment que des cas où les partages ne confèrent de droits qu'aux co-partageants, sur les immeubles de la masse.

42. — Je rappellerai ici que l'art. 5 de la loi du 17 mai 1854, ordonne aux propriétaires d'actions immobilisées de la Banque qui voudraient rendre à ces actions leur qualité première d'effets mobiliers, de le déclarer à la Banque, et de transcrire au bureau des hypothèques de Paris cette

déclaration, qui devra contenir l'établissement de la proprité des actions en la personne du réclamant.

§ 2.

45. — La loi de 1855 n'a pas seulement soumis les actes translatifs de droits réels à la formalité de la transcription. Par « une invasion faite dans le domaine des droits personnels (1), » elle exige également la publicité :

1° Des *baux* d'une durée de plus de dix-huit ans ;

2° Des actes qui constatent, même pour bail de moindre durée, *quittance* ou *cession* d'une somme équivalante à trois années des loyers ou fermages non échus. » (Art. 2.)

— La loi ne parle pas des cessions de baux, ni des sous-locations. Il est donc inutile de les faire transcrire. Ces actes n'ont d'ailleurs guère d'intérêt pour les personnes qui veulent acquérir des droits réels sur un immeuble.

— Le silence de la loi sur les résolutions volontaires des baux transcrits est plus regrettable pour les tiers qui pourront être trompés sur l'existence apparente d'un bail avantageux.

(1) *Rapport de M. Ad. de Belleyme.*

44. — Je placerai ici une observation qui se rapporte également à toutes les espèces d'actes.

Des actes accessoires préparent, confirment ou modifient souvent les contrats qui sont relatifs à des immeubles. Ces actes ne sont pas translatifs de droits réels, et ne sont régis par aucune des dispositions de la loi de 1855. Sont-ils dispensés de la transcription?

Si l'on se tient à la lettre de la loi, on décidera l'affirmative. Mais cette solution radicale ferait des registres de transcription les plus dangereux instruments de fraude. Ils ne donneraient que des renseignements vagues, incomplets, inexats.

Il me semble conforme aux vues du législateur d'exiger la transcription de tous les actes nécessaires à la désignation des personnes qui ont des droits acquis sur les immeubles : tels sont les actes de retraits, d'élections de command.

Je dispense, au contraire, de publier les actes qui se rapportent à la validité des contrats, comme les mandats et les actes de ratification.

45. — Toutes les règles qui précédent, s'appliquent à tous les actes dont j'ai parlé, qu'ils soient passés entre des personnes naturelles ou des personnes morales, privées ou publiques

Il en serait ainsi même pour les actes qui seraient faits par des fonctionnaires et dans les formes administratives.

II. Jugements.

46. — Il y a trois espèces de jugements qui doivent être transcrits : (B)

47. — 1° *Jugements qui déclarent l'existence de conventions verbales.*

— L'art. 1 de la loi 1855 (§ 3), après avoir parlé des actes qui confèrent des droits susceptibles d'hypothèques, ordonne la transcription de « tout jugement qui déclare l'existence d'une convention verbale » de même nature.

L'art. 2 (§ 3) renferme une disposition semblable qui est relative aux droits d'antichrèse, de servitude, d'usage et d'habitation.

Enfin le même article (§ 5) exige la transcription des jugements qui constatent une « quittance ou cession d'une somme équivalente à trois années de loyers ou fermages non échus. »

— Il est évident qu'on doit transcrire également les sentences qui constateraient un bail verbal de plus de dix-huit années (art. 2, § 4°).

B. — Une disposition transitoire de la loi de 1855 ordonne également la transcription des jugements qui prononcent la nullité ou la résolution d'actes non transcrits, mais ayant date certaine avant le 1er janvier 1856 (art. 11).

48.— 2° *Jugement d'adjudication.*

—Le dernier paragraphe de l'art. 1 de la loi de 1855 décide qu'il faut transcrire « tout jugement d'adjudication autre que celui rendu sur licitation au profit d'un co-héritier ou d'un copartageant.»

Cette exception permet de comprendre le véritable sens de la règle. La loi exige la publicité des jugements d'adjudication en général, parce qu'elle les regarde comme des ventes translatives de droits. Elle déroge à ce principe pour les licitations qui n'ont qu'un caractère déclaratif.

— Aussi je pense que l'art. 2189 C. N., est toujours en vigueur; il prévoit le cas d'un donataire ou d'un acquéreur qui, dans le cours d'une procédure en purge, s'est fait adjuger un immeuble à la suite d'une surenchère, et il dispense de faire transcrire le jugement d'adjudication, qui confirme simplement le premier contrat de donation ou de vente qui est déjà transcrit.

— Il faut également faire une exception en faveur de l'héritier bénéficiaire qui se porte adjudicataire d'un immeuble de la succession. Cette adjudication ne fait également que confirmer son droit de propriété. Le bénéfice que la loi lui accorde ne l'empêche pas d'être héritier, et ne doit point lui nuire.

49. — 3° *Jugement d'expropriation pour cause d'utilité publique.*

—La loi du 3 mai 1841 ordonne, dans son art. 16, de transcrire les jugements d'expropriation pour cause d'utilité publique :

« Le jugement sera, immédiatement après l'accomplissement des formalités prescrites par lart. 15 de la présente loi, transcrit au bureau de la conservation des hypothèques de l'arrondissement, conformément à l'art. 2181 du Code civil (1).»

Cette formalité n'est pas nécessaire à la transmission de la propriété, mais à la purge des priviléges et hypothéques.

—L'art. 19 de la même loi décide qu'il faut suivre les règles de l'art. 16 « dans le cas de conventions amiables entre l'administration et les propriétaires, » et ne permet d'y déroger que pour les acquisitions de cinq cents francs et au-dessous.

—Quel est l'effet de la loi de 1855 sur ces diverses dispositions?

(1) En présence de cet article, on est surpris de lire, dans le Commentaire de M. Troplong, *sur la Transcription* (p. 447), que « les jugements d'expropriation ne doivent pas être transcrits ; d'autant plus que l'auteur cite précisément la loi du 3 mai 1841 pour lui faire dire le contraire d'une de ses dispositions formelles (n° 103).

Je pense qu'elle n'a rien modifié aux règles qui sont spéciales à la transcription des jugements d'expropriations dont elle ne s'est point occupé.

Quand aux conventions amiables, je les soumets au premier paragraphe de l'art. 1.

III. SAISIES IMMOBILIÈRES.

50. — J'ai déjà indiqué les modifications que la loi du 2 juin 1841 a faites à l'ancien Code de Procédure, quant à la publicité des saisies immobilières.

D'après l'ancien Code, la transcription du procès-verbal de saisie précédait la dénonciation ou saisie. Cet ordre a été renversé par la loi de 1841. Aussi elle exige la transcription :

1° Du *procès-verbal* de saisie ;

2° De l'*exploit de dénonciation* (art. 678).

Quant aux jugements d'adjudication, il est inutile de répéter ce que j'en ai dit tout-à-l'heure.

— Lorsque le conservateur des hypothèques a transcrit une saisie, il doit refuser de transcrire un second procès-verbal de saisie du même immeuble (art. 680 C. Pr.)

Cependant, si la seconde saisie était plus ample que la première, il faudrait la transcrire pour les objets qui ne seraient pas compris dans celle-ci. (Art. 720 C. Pr.)

51.—A la fin de ce chapitre, je dirai un mot sur les actes qui émanent de l'Etat et qui confèrent des droits réels.

Ces actes peuvent n'être que des contrats ordinaires, dans lesquels l'Etat joue le rôle de partie contractante, et il n'est point de raison pour ne pas les soumettre alors (comme je l'ai déjà dit), aux règles générales que je viens d'exposer.

Mais il en est autrement des concessions que l'Etat fait en vertu de son pouvoir administratif. Leur transcription n'est exigée par aucune loi. Il sont d'ailleurs publiés dans les recueils des actes officiels.

APPENDICE.

52.—La publicité que les lois françaises ont voulu obtenir au moyen de la transcription, est complétée par certaines mentions qui doivent être faites en marge des actes transcrits.

53.—Ainsi l'art. 958 C. N. prescrit d'inscrire, en marge des donations transcrites, un extrait de la demande en révocation pour cause d'ingratitude et annule les aliénations et les constitutions d'hypothèques consenties par le donataire postérieurement à cette inscription.

54.—Une disposition analogue a été introduite dans le Code de Procédure par la loi du 2 juin 1841.

Le nouvel art. 716, exige la « mention sommaire du jugement d'adjudication... en marge de la transcription de la saisie. »

Cette mention ne présente plus d'utilité depuis la loi de 1855.

55.—Enfin l'art. 4 de cette loi de 1855, est ainsi conçu :

« Tout jugement prononçant la résolution, nullité ou rescision d'un acte transcrit, doit, dans le mois à dater du jour où il a acquis l'autorité de la chose jugée, être mentionné en marge de la transcription faite sur le registre.—L'avoué qui a obtenu ce jugement est tenu, sous peine de cent francs d'amende, de faire opérer cette mention, en remettant un bordereau rédigé et signé par lui au conservateurs, qui lui en donne récépissé. »

— L'article parle de jugement qui *prononcent* une résolution, une nullité ou une rescision. Il ne faut pas en conclure qu'il ne s'applique point aux sentences qui *constatent* les vices d'un contrat. Cette interprétation restrictive ne serait certainement pas conforme aux intentions du législateur.

J'étendrai, au contraire, la même règle aux cas

d'une vente à pacte de rachat, d'un retrait, d'une révocation, d'un acte frauduleux, et même d'une réduction de donation excessive, parce que la réduction est une rescision partielle.

Enfin je l'appliquerai même aux jugements de surenchère ou sur folle enchère, bien qu'il faille les faire également transcrire.

— L'art. 4 ne régit que les jugements qui ont force de chose jugée : c'est-à-dire qui ne sont pas ou qui ne sont plus attaquables par la voie de l'opposition ou de l'appel.

CHAPITRE II.

56.—Je vais traiter dans ce chapitre de la procédure de la transcription et m'occuper successivement :

I. Des personnes qui doivent faire transcrire ;

II. Des fonctionnaires qui opèrent la transcription.

III. Des délais dans lesquels on doit transcrire ;

IV. De l'acte de la transcription ;

V. De la délivrance des états de transcription.

I. Personnes qui doivent faire transcrire.

57.— La transcription est un acte conservatoire qui importe particulièrement aux acquéreurs de droits réels : c'est eux qui doivent remplir cette formalité et en payer les frais.

Cependant un vendeur d'immeuble est intéressé à la transcription de son contrat de vente, puisqu'elle conserve son privilége. Aussi peut-il la faire opérer. L'acheteur sera tenu de lui rembourser ses dépenses. (art. 2108 C. N.)

58. — Lorsque les acquéreurs de droits réels ont l'exercice de leurs droits, il n'ont qu'à s'en prendre à eux-mêmes du dommage que le défaut de transcription peut leur causer. Il n'en est pas de même quand ils sont sous l'autorité d'une autre personne ou qu'ils ont chargé un mandataire de faire transcrire leurs titres d'acquisition. Ces cas sont réglés par des dispositions diverses, spéciales ou générales, de nos lois.

— L'art. 940 C. N. charge les *maris*, les *tuteurs* et les *administrateurs* de faire transcrire les donations faites aux femmes mariées, aux mineurs, aux interdits et aux établissements publics. Il ne fait aucune exception à la règle qu'il pose, et je ne pense pas qu'il faille en faire pour le mari dont la femme accepte une libéralité avec l'autorisation de la justice. Cette distinction me paraît arbitraire, bien qu'elle soit faite par des jurisconsultes antorisés.

Une seconde difficulté s'élève au sujet des mineurs émancipés. Administrateurs de leurs biens, ils sont capables de faire tous les actes conservatoires. N'est-ce pas à eux qu'on doit laisser le soin de faire transcrire? — Il est vrai que l'art. 940 parle des *curateurs*. Mais c'est par une erreur qui provient de ce qu'on donnait autrefois ce nom aux tuteurs des interdits. D'ailleurs, l'art. 942 ne rend point les curateurs responsables du défaut de transcription.

En cas de négligence des maris et des tuteurs, les femmes, les mineurs et les interdits n'ont de recours que contre eux. Le Code se tait sur les administrateurs des établissements publics. Il n'en est pas moins évident qu'ils répondent de leurs fautes.

— Pour les substitutions, l'art. 1069 C. N. charge les grevés et les tuteurs qui doivent veiller à l'exécution de ces actes, de les faire transcrire. L'art. 1070 déclare ces personnes responsables de leur négligence.

— La loi de 1855 ne renferme aucune disposition semblable à celles que je viens de rappeler. Il n'en faut pas moins appliquer aux actes dont elle ordonne la publicité, les règles générales de la responsabilité des maris et des tuteurs. Aussi, déciderai-je ici que le mari n'est pas tenu de faire transcrire les titres de sa femme, lorsque celle-ci est autorisée par la justice, et lorsqu'elle a conservé ou repris l'administration de ses biens.

— Il est évident qu'un mandataire qui se serait chargé de faire transcrire un acte, et qui ne le ferait pas, serait responsable des suites de sa négligence (art. 1991 C. N.).

Remarquons qu'un notaire n'est pas obligé, par la nature de ses fonctions, de faire transcrire les actes qu'il rédige.

Il en est de même pour un avoué, quant aux jugements qu'il obtient, lève et signifie.

— Dans le cas de saisie immobilière, c'est l'avoué poursuivant qui est chargé de transcrire le procès-verbal de saisie (art. 719 C. Pr.).

— C'est le préfet qui doit la faire pour les jugements d'expropriation.

59. — A côté des personnes qui doivent faire transcrire, il en est d'autres qui le peuvent. Je citerai, par exemple, les acquéreurs incapables, leurs parents et leurs amis (F. art. 2139 et 2194 C. N.) Il en serait de même pour les créanciers de tout acquéreur et pour les gérants d'affaire (art. 1166 et 1372 C. N.).

60. — Dans aucun cas, les incapables ne sont restitués contre le défaut de transcription, lors même que leur recours contre les administrateurs de leurs biens serait illusoire. Les art. 942 et 1070 C. N., le disent formellement pour les donations et les substitutions. Le silence de la loi de 1855

ne doit pas empêcher d'appliquer la même règle aux autres actes translatifs de droits sur des immeubles.

II. Fonctionnaires qui opèrent la transcription.

61. — La transcription d'un acte s'opère au bureau du conservateur des hypothèques de la situation de l'immeuble qui est l'objet de cet acte.

Lorsque l'immeuble est situé dans deux arrondissements, il y a lieu à une double transcription.

Dans le cas d'échange, si les immeubles échangés sont situés dans des arrondissements différents, on transcrit au bureau de chaque arrondissement.

— La loi ne dit point quel est le bureau de la situation des actions de la Banque de France et des canaux d'Orléans ou du Loing.

Je pense que c'est le bureau de Paris où siégent les administrations de la Banque et des canaux précités. L'art. 5 de la loi du 17 mai 1834 *sur la Banque*, confirme cette opinion. Il porte, en effet, que lorsqu'un propriétaire d'actions immobilisées veut les rendre à leur nature première, il doit le déclarer à la Banque et faire transcrire cette déclaration au bureau des hypothèques de Paris.

62. — Le conservateur doit transcrire tous les actes enregistrés qu'on lui présente.

Les difficultés qui s'élèveraient sur ce point, devraient être jugées en référé. (Art. 806 C. Pr.)

Cependant on sait que le conservateur doit refuser de transcrire un procès-verbal de saisie qui ferait double emploi. Il constate dans ce cas, son refus en marge du second procès-verbal, et y énonce « la date de la précédente saisie, les noms, demeures et professions du saisissant et du saisi, l'indication du tribunal où la saisie est portée, le nom de l'avoué du saisissant et la date de la transcription. » (Art. 680 C. Pr.)

63. — Le conservateur des hypothèques est responsable des fautes qu'il commet dans l'exercice de ses fonctions, à l'égard des personnes auxquelles il aura porté préjudice (art. 2197 C. N. et art. 5 de la loi de 1855).

III. Délais dans lesquels on doit transcrire.

64. — Le Code Napoléon, la loi du 3 mai 1841 et celle du 23 mars 1855 ne fixent pas de délai pour la transcription des actes dont il règlent la publicité.

Au contraire, le Code de Procédure ordonne de transcrire :

1° Les saisies immobilières dans les quinze jours qui suivent leur dénonciation, sous peine de nullité (art. 678 et 715).

2° Les jugements d'adjudication dans les quarante-cinq jours de leur date, et, en cas d'appel, dans les quarante-cinq jours de l'arrêt confirmatif, sous peine de revente sur folle-enchère (art. 750).

65. — En principe, il est de l'intérêt des acquéreurs de droits réels de faire transcrire leurs titres le plus tôt possible.

Cette observation s'applique même aux acquisitions conditionnelles, telles que les ventes alternatives ou à pacte de rachat. Si la condition s'accomplit, le contrat produit un effet rétroactif, quant aux tiers, à la date de la transcription. Il importe donc de le transcrire au plus tôt.

— Cependant la transcription des actes annulables ne présente d'utilité qu'à partir de leur ratification. En effet, l'art. 1338 C. N. déclare que cette ratification ne saurait nuire aux tiers. Ceux-ci n'auront donc pas à en tenir compte, lorsqu'ils auront acquis leurs droits antérieurement.

IV. Acte de la transcription.

66. — Lorsqu'on veut faire transcrire un acte, on le porte au conservateur des hypothèques, après l'avoir fait enregistrer. Il ne faut pas le porter un dimanche ou un jour férié. Les bureaux doivent être fermés ces jours-là.

La remise du titre est mentionnée sur un *re-*

gistre de dépôt, et l'on en donne au requérant une reconnaissance sur papier timbré.

Ensuite le conservateur copie littéralement le titre sur le *registre des transcriptions*, et après l'avoir copié, il le remet au requérant avec une mention de la transcription, qui contient une quittance des droits et salaires.

L'art. 619 C. Pr. dit que « si le conservateur ne peut procéder à la transcription de la saisie et à l'instant où elle lui est présentée, il fera mention, sur l'original qui lui sera laissé, des heures, jour, mois et auxquels il aura été remis... »

« Tous les registres des conservateurs sont en papier timbré, cotés et paraphés à chaque page par première et dernière, par l'un des juges du tribunal dans le ressort duquel le bureau est établi. » Ces registres doivent être « arrêtés chaque jour comme ceux d'enregistrement » (art. 2201 C. N.).

67. — J'ai dit que la transcription devrait être littérale.

Cependant, si l'acte qu'on présente au conservateur, ne renferme qu'une clause sujette à la transcription, il devrait se contenter de copier littéralement cette clause.

Cette règle s'applique aux secondes saisies qui sont plus amples que les premières : elles ne doivent être transcrites que pour les objets qui ne sont pas comprises dans celles ci (art. 720 C. Pr.)

— Au reste, une transcription irrégulière serait valable, pourvu qu'elle renfermât les énonciations essentielles de l'acte qu'elle aurait dû reproduire littéralement.

68. — Il est important de savoir que les répertoires des registres de transcription, sont dressés par noms de personnes. « Toute l'économie de la publicité repose sur les noms, prénoms et domiciles des parties, et nullement sur les immeubles eux-mêmes ; il n'existe aucune table cadastrale contenant l'état des immeubles et destinée à recevoir l'annotation des charges dont chaque propriété foncière est grevée (1). »

— Aussi l'on comprend que, si un immeuble est aliéné plusieurs fois, et si tous les contrats d'aliénation ne sont pas transcrits, il n'est plus possible de connaître le véritable propriétaire de cet immeuble et toutes les charges qui le grèvent.

Il faut donc décider que, dans le cas d'aliénations successives qui n'ont pas été transcrites, le dernier acquéreur ne transcrit valablement que s'il transcrit tous les contrats qui ne l'ont pas été.

Je reviendrai bientôt sur cette solution que j'indique seulement ici.

(1) M. Troplong. — *Sur la Transcription*, n° 252.

V. DÉLIVRANCE DES ÉTATS DE TRANSCRIPTION.

69. — Quand un acte est transcrit, il est permis à tout le monde de se le faire communiquer.

Le conservateur délivre, sous sa responsabilité, l'état spécial ou général des transcriptions qui sont relatives à l'immeuble dont on lui désigne un ancien propriétaire ou le propriétaire actuel (Art. 5 de la loi de 1855).

— La personne qui requiert un état, doit le faire par écrit et sur papier timbré. Si elle ne sait pas écrire, le conservateur mentionne, en tête des états qu'il délivre, les termes dans lesquels la demande a été faite verbalement, et il énonce sur le registre des salaires que le requérant déclare ne pas savoir signer (1).

APPENDICE.

70. — Les mentions de jugements qui sont exigées par l'art. 4 de la loi du 23 mars 1855, sont faites d'après les bordereaux que les avoués remettent aux conservateurs des hypothèques.

Ces bordereaux doivent résumer les jugements avec fidélité et précision.

— Le conservateur délivre les états de mentions, en même temps et dans les mêmes formes, que les états de transcriptions.

(1) *E. L.*, n° 254.

CHAPITRE III.

71. — Je placerai, en tête de ce chapitre, une observation qu'il ne faut pas perdre de vue lorsqu'on étudie les effets de la transcription : c'est que l'accomplissement de cette formalité ne corrige pas les vices des actes que l'on y soumet, et n'a point d'effet sanatoire.

72. — Je vais considérer successivement :

I. La transcription des actes et des jugements dans ses rapports avec la transmission des droits ;

II. La transcription des actes et des jugements dans ses rapports avec les priviléges et les hypothèques ;

III. La transcription des saisies immobilières.

Je parlerai des effets de la transcription sur l'action résolutoire dans la seconde partie de ce chapitre.

I.

73. — La transcription n'est pas une condition essentielle à l'efficacité des actes et des jugements qui confèrent des droits sur des immeubles ; elle n'influe pas sur les relations des parties entre elles, et ne produit d'effet qu'à l'égard des tiers.

Ces effets sont réglés par deux ou trois articles du Code Napoléon et de la loi du 23 mars 1855. Je m'occuperai séparément des disposition du Code et de celles de la loi. Cette division me paraît nécessaire à l'intelligence de l'une des parties les plus obscures de notre droit privé.

I. CODE NAPOLEON.

74. — Le Code règle, dans des chapitres différents, la transcription des donations entre-vifs et celle des substitutions.

§ 1.

75. — L'art. 939 ordonne de transcrire les donations de biens susceptibles d'hypothèques.

L'accomplissement de cette formalité, lorsqu'elle a lieu en temps utile, assure au donataire un droit incommutable sur l'immeuble donné, en même temps qu'elle prive le donateur du pouvoir d'aliéner le même bien une seconde fois et de le grever de charges nouvelles.

76. — Le cas où la transcription n'a point été faite, est prévu par l'art 941, qui déclare que « le défaut de transcription pourra être opposé par toutes personnes ayant intérêt, excepté toutefois celles qui sont chargées de faire faire

la transcription, ou leurs ayant-cause, et le donateur. »

Cette brève disposition n'a pas toute la clarté désirable, et les commentateurs sont loin de s'entendre sur le sens qu'il faut lui attribuer. Les uns prétendent qu'elle reproduit l'art. 27 de l'ordonnace de 1731. Les autres affirment qu'elle s'explique par l'art. 26 de la loi du 11 brumaire an VII

Cette dernière solution est celle que je préfère.

— Les travaux préparatoires du Code ne jettent qu'une lumière confuse sur cette question. Il n'y a point de renseignement utile à tirer de la discussion dont l'art. 941 a été l'objet au Conseil d'Etat. Quant à l'exposé des motifs et au rapport du tribunat qui sont relatifs au titre *des Donations entre-vifs et des Testaments*, ils se contredisent sur des points capitaux. C'est ainsi que l'un accorde et l'autre refuse à l'héritier du donateur le droit d'opposer le défaut de transcription (1). Le tribun Jaubert a même singulièrement paraphrasé notre article, lorsqu'il a fait rentrer dans l'exception de sa règle « le donateur, ce qui comprend aussi nécessairement » selon lui, « les donataires postérieurs, les cessionnaires et les hé-

(1) FENET. — XII, p. 548 et 597.

ritiers du donateur » (1). Je demande ce que devient la règle, si telle est l'exception ?

Cependant, au milieu de ces contradictions, tout le monde acceptait au Conseil d'Etat et au Corps Législatif une idée qui est exprimée par Bigot-Préameneu dans l'exposé des motifs : — « Toute cette législation relative à la publicité des actes de donations entre-vifs est devenue inutile, depuis que, par la loi qui s'exécute maintenant dans toute la France, non-seulement ces actes, mais encore toutes les aliénations d'immeubles, doivent être rendus publics par la transcription sur des registres ouverts à quiconque veut les consulter. L'objet de toutes les lois sur les insinuations sera donc entièrement rempli, en ordonnant que, lorsqu'il y aura donation de biens susceptibles d'hypothèques, la transcription des actes contenant la donation devra être faite aux bureaux des hypothèques dans l'arrondissement desquels les biens sont situés. — Quant aux meubles qui seraient l'objet des donations, il ne sauraient être mis au nombre des gages que les créanciers puissent suivre ; il n'est aucun des différents actes par lesquels on peut aliéner des immeubles, qui soit assujetti à de semblables formalités (2). »

(1) *E. L.* — XII, p. 597.
(2) E. L. — XII, p. 547-548.

Ces paroles ne prouvent-elles pas que les rédacteurs du Code rattachaient l'art. 941 à la loi du 11 brumaire an VII, *Sur le régime hypotécaire ?*

— Il n'en est pas moins des jurisconsultes qui prétendent que notre article est la reproduction abrégée de l'art 27 de l'ordonnance de 1731.

Or cette dernière disposition énumérait longuement les personnes qui pouvaient invoquer le défaut d'insinuation, et citait parmi elles les créanciers, les héritiers, et les légataires du donateur.

Au contraire, d'après l'art. 26 de la loi de brumaire, le défaut de transcription ne profitait qu'aux tiers qui avaient acquis des droits réels sur l'immeuble aliéné, en contractant avec l'ancien propriétaire, et en se conformant aux lois pour les publier.

Il est donc important de savoir, si l'art. 941 doit s'expliquer à l'aide de l'art. 27 de l'ordonnance ou de l'art. 26 de la loi ; dans le premier cas, les créanciers chirographaires, les légataires et les héritiers du donateur peuvent opposer le défaut de transcription, et, dans le second, ils sont privés de ce droit et doivent subir les donations qui n'auraient pas été transcrites.

— Je ne saurais voir dans l'art. 941 une copie de l'art. 27 de l'ordonnance.

Celui-ci ne parle pas des personnes qui sont chargées de faire transcrire et de leurs ayant-cause; et il renferme, en revanche, une disposition qui ne se trouve point au Code, et qui annule la clause par laquelle « le donateur » se serait « chargé expressément de faire insinuer les donations, à peine de tous dépens, dommages et intérêts. »

L'art. 941 diffère donc profondément de l'art. 27 par sa rédaction; mais, par son esprit, il s'en éloigne bien d'avantage.

En effet, l'ordonnance de 1731 se préoccupait surtout de l'intérêt des héritiers, que le Code n'avait pas en vue, lorsqu'il exigeait la publicité des donations. Ce qui le prouve, c'est que l'art. 939 ne parle que des biens susceptibles d'hypothèques. Les héritiers n'ont-ils pas un intérêt égal à connaître les aliénations de meubles et celles d'immeubles que leur auteur aurait pu faire?

Il faut donc interpréter l'art. 941 par l'art. 26 de la loi de brumaire.

77. — Je reviendrai bientôt sur cette disposition dont je me contenterai d'appliquer ici les principes, en ces termes :

Le défaut de transcription d'une donation de biens susceptibles d'hypothèques peut être opposé par les tiers qui auraient acquis, en contractant avec le donateur, des droits réels sur l'immeuble donné, et qui les auraient conservés, en les publiant conformément aux lois.

Cette règle comprend les acquéreurs de droits réels, tels que les acheteurs et les créanciers hypothécaires, et elle exclut les créanciers chirographaires, les légataires et les héritiers du donateur, ainsi que tous les tiers qui n'auraient pas contracté avec eux.

— On a voulu faire une distinction entre les acquéreurs à titre onéreux et les acquéreurs à titre gratuit, et priver ceux-ci du bénéfice de l'art. 941 ; mais les art. 1070 et 1072, qu'on cite à l'appui de cette doctrine, sont entièrement étrangers à la matière de la transcription des donations entre-vifs, et ne prouvent nullement que les donataires postérieurs ne peuvent opposer le défaut de transcription.

78.—Après avoir déterminé le sens de la règle que pose l'art. 941, je rappellerai qu'elle souffre une exception qui renferme :

1° Le donateur ;

2° Les personnes qui sont chargées de faire transcrire ;

3° Leurs ayant-cause.

Cette dernière exception est inique par sa généralité. On peut la comprendre, quand elle frappe les ayant-cause à titre universel qui représentent la personne de leur auteur, ou les donataires et légataires qui ne seront privés que d'une libéralité. Mais n'est-il pas injuste de faire subir à des acquéreurs à titre particulier et onéreux les suites de la négligence de leurs vendeurs?

§ 2.

79. — Lorsqu'une substitution a été transcrite (art. 1069), les tiers qui contractent postérieurement avec le grevé, ne peuvent opposer leurs droits aux appelés, pourvu que ceux-ci ne soient pas les héritiers purs et simples du grevé ; car ils succéderaient alors à toutes ses obligations.

80. — Quant au défaut de transcription, ses conséquences sont prévues par l'art. 1070 :

« Le défaut de transcription de l'acte contenant la disposition, pourra être opposé par les créanciers et les tiers-acquéreurs, même aux mineurs ou interdits, sauf le recours contre le grevé et le tuteur à l'exécution, et sans que les mineurs ou interdits puissent être restitués contre ce défaut de transcription, quand même le grevé et le tuteur se trouveraient insolvables. »

Cette disposition, que la plupart des commentateurs du Code se contentent de paraphraser, présente les difficultés les plus sérieuses, et n'est qu'une reproduction maladroite de l'art. 32 du titre II de l'ordonnance de 1747.

— Cette ordonnance, dans les art. 27 et 30 du même titre, fixait le délai dans lequel les substitutions devaient être rendues publiques. Publiées et enregistrées dans les délais légaux, les substitutions avaient un effet rétroactif qui sauvegardait les droits des appelés (art. 28). Les publications et les enregistrements tardifs ne propuisaient d'effet qu'à leur date (art. 29).

Ces règles de l'ordonnance n'ont pas été reproduites dans le Code, qui ne fixe pas de délai semblable à celui des art. 27 et 30.

Il découle de cette omission que, si l'on prend l'art. 1070 à la lettre, les droits des appelés seront primés par ceux des personnes qui traiteront avec le grevé, avant qu'il ait été possible de remplir les formalités de l'art. 1069. Il en sera de même à l'égard de tous les créanciers du grevé qui auront traité avec lui, avant qu'il ait acquis les biens substitués, parce qu'il y aura nécessairement un instant où le grevé sera propriétaire des biens substitués, sans que la transcription ait été faite. Cette dernière règle ne souffrira qu'une exception bizarre, qui frappera la femme du grevé et son hypothèque légale, en vertu de l'art. 1054.

— Ces conséquences sont inadmissibles; car elles favorisent les personnes qui n'ont pas dû compter sur les biens substitués, au dépens des appelés dont les droits seront entamés le plus souvent, sans qu'ils puissent se plaindre de personne et exercer un recours contre le grevé ou le tuteur à l'exécution.

La lettre de la loi contredit évidemment son esprit, et il faut trouver un correctif à cette rédaction vicieuse.

Je pense que le juge qui appliquera l'art. 1070, devra fixer, d'après les circonstances, un délai semblable à celui de l'ordonnance de 1747. La transcription qui aura été faite dans ce délai, produira des effets rétroactifs et sauvegardera les droits des appelés. Le délai de l'ordonnance était de six mois, qui couraient du jour du contrat ou de celui de la mort du testateur, selon que la substitution avait été faite dans un contrat ou dans un testament, et qui ne commençaient qu'au jour de l'emploi pour les biens que le grevé acquérait avec les deniers comptants de la substitution.

Les créanciers dont parle l'art. 1070, sont tous les créanciers chirographaires, privilégiés et hypothécaires du grevé.

81.— La règle de cet article est modifiée par l'art. 1072.

« Les donataires, les légataires, ni même les héritiers légitimes de celui qui aura fait la disposition, ni pareillement leurs donataires, légataires ou héritiers, ne pourront, en aucun cas, opposer aux appelés le défaut de transcription ou d'inscription.»

Quel est le sens précis des mots : « les donataires, les légataires, ni même les héritiers légitimes de celui qui aura fait la disposition ?... »

— On a voulu voir dans cette proposition une modification de l'art. 941, et l'on a prétendu que les seconds donataires ne pouvaient se prévaloir du défaut de transcription d'une première donation (1).

Afin de réfuter cette erreur, je rappellerai simplement que l'art. 1072 ne s'occupe que de la transcription des substitutions et non de celle des donations entre-vifs. Or il n'y a que les grevés et leurs ayant-cause qui puissent avoir un intérêt à méconnaître une substitution. C'est donc les grevés que désigne l'art 1072, quand il parle des donataires, des légataires et des héritiers de l'auteur de la disposition.

Cette interprétation est confirmée par les commentaires que les anciens auteurs ont écrit sur l'ordonnance de Moulins, art. 57, et sur l'art. 34 du titre II de l'ordonnance de 1747 (2).

(1) Marcadé. — *Explication du C. Nap.* (5e éd.), III, p. 549-552.

(2) Ricard. — *Des substitutions directes et fidéicommissaires*, n° 124 ; et Thévenot. — *Note sur l'ordonnance des substitutions* (art. 34).

82.—L'art. 1071 renferme une règle spéciale à la matière des substitutions, qui reproduit celle de l'art. 33 du titre II de l'ordonnance.

« Le défaut de transcription ne pourra être suppléé, ni regardé comme couvert par la connaissance que les créanciers ou les tiers-acquéreurs pourraient avoir eue de la disposition par d'autres voies que celle de la transcription. »

Il faut se garder de généraliser cette règle qui protége des contrats frauduleux.

II. Loi du 23 mars 1855.

83. — Sous l'empire du Code Napoléon, les donations et les substitutions étaient les seuls actes dont l'efficacité dépendît de leur transcription. Les autres contrats n'étaient pas soumis à des conditions de publicité, et transféraient des droits opposables aux tiers, sans que ceux-ci fussent avertis de cette transmission par un signe extérieur. Il est vrai que ce système de clandestinité n'était guère dangereux que pour les acquéreurs de droits sur les immeubles. L'art. 2279 protégeait la plupart des acquéreurs de droits mobiliers par la règle : « En fait de meubles, la possession vaut titre » Mais c'était précisément les contrats les plus importants, qui présentaient le moins de garanties contre les manœuvres frauduleuses.

— Cet état de choses a été changé par la loi du 23 mars 1855. Elle exige (comme on l'a vu) la transcription de la plupart des actes translatifs de droits réels sur les immeubles, que le Code ne soumettait pas à cette formalité. Quant aux donations et aux substitutions, la loi nouvelle déclare qu'il n'est point dérogé à la législation antérieure (art. 11).

J'ajouterai que les principes du Code continuent à régir, dans tous les contrats, les relations mutuelles des parties, et qu'il n'y a de changé que les relations des parties avec les tiers.

84. — C'est elles qui sont réglées par l'art. 3 de la loi de 1855 :

« Jusqu'à la transcription, les droits résultant des actes et jugements énoncés aux articles précédents ne peuvent être opposés aux tiers qui ont des droits sur l'immeuble et qui les ont conservés en se conformant aux lois.

« Les baux qui n'ont point été transcrits ne peuvent jamais leur être opposés pour une durée de plus de dix-huit ans. »

Je vais expliquer successivement les deux paragraphes de cet article, dont le premier est relatif aux actes qui transfèrent des droits réels, et dont le second se rapporte au contrat de louage.

§ 1.

85. — Le premier paragraphe de l'art. 3 est copié sur la fin de l'art. 28 de la loi du 11 brumaire an VII.

Cet article, après avoir prescrit de transcrire « les actes translatifs de biens et droits susceptibles d'hypothèques, » ajoute : « Jusque là ils ne peuvent être opposés aux tiers qui auraient contracté avec le vendeur, et qui se seraient conformés aux dispositions de la présente. »

Il importe de bien comprendre cette disposition dont le législateur de 1855 a voulu rétablir le principe.

86. — On ne peut lire les ouvrages qui commentent cet art. 26, et les arrêts qui l'ont appliqué, sans être surpris des interprétations vagues ou contradictoires que l'on y rencontre. Tous les jurisconsultes déclarent, d'un commun accord, que sous la loi de brumaire, la transcription était nécessaire aux actes translatifs de droits susceptibles d'hypothèques pour qu'ils produisissent des effets à l'égard des tiers. Mais la plupart des auteurs et des juges tombent dans les contradictions les plus étranges, dès qu'ils appliquent à des cas particuliers le principe général qu'ils ont posé.

C'est ainsi que M. Troplong commence par dire « que le vendeur restait maître de la chose, à l'égard des tiers, jusqu'à la transcription ; » puis il ajoute que l'acquéreur ne pouvait, jusqu'à la même époque, constituer d'hypothèques ; et il finit par accorder à ce même acquéreur le droit d'aliéner valablement l'immeuble qu'il ne lui était pas permis d'hypothéquer (1).

Cependant on ne se fait pas une idée de toutes les choses qu'on a pu trouver dans la loi de brumaire, si l'on ne connaît pas un arrêt de la Cour de Nîmes du 20 février 1808. Ses considérants sont du style le plus littéraire et de la logique la plus originale. J'en citerai des passages, en regrettant que la nature de ce travail ne me permette pas de reproduire ici la prosopopée qui s'y trouve.

— La Cour de Nîmes, après avoir cité les art. 26, 28 et 29 de la loi, assure qu'ils expriment avec une clarté parfaite la volonté du législateur qui, « par rapport aux tiers... répute le contrat de vente non existant, jusqu'au moment de la transcription..... Jusque-là, point de mutation parfaite,

(1) *Priviléges et hypothèques.* — (4e éd.), I, p. 419-421. — M. Troplong cite, à l'appui de cette étrange doctrine, un arrêt de la Cour de cassation (13 décembre 1813) qui est entièrement étranger à la question, puisqu'il se réfère à une vente de l'an III.

point de droit transféré à l'acquéreur, quelque soit d'ailleurs la convention des parties. » — Il semble découler de ce principe que l'acquéreur ne pourra ni aliéner l'immeuble, ni le grever d'hypothèque, ce qui suppose la capacité d'aliéner (art. 9). — La Cour dit elle-même « qu'il impliquerait contradiction qu'il... fût permis » aux créanciers d'une personne « de prendre hypothèque sur un immeuble dont la propriété n'a pas encore reposé sur la tête de leur débiteur. » Et cependant elle déclare qu'elle « n'entend pas que le défaut de transcription vicie, d'une manière absolue, les inscriptions anticipées prises par les créanciers de l'acquéreur... » Elle en reconnaît la validité, lorsque ces derniers « ne sont pas en concours avec le vendeur ou ses créanciers..., car alors la fiction de la loi cesse! »

— Je ne discuterai pas minutieusement ce singulier arrêt, et je n'insisterai que sur un point où il s'accorde avec les auteurs les plus graves, et déclare qu'il ressort des art. 26, 28 et 29 de la loi de brumaire que la propriété n'est transférée à l'acquéreur, par rapport aux tiers, que par la transcription de son titre.

L'art. 26 pose-t-il ce principe? — Nullement. —Il dit que les actes translatifs de certains droits ne peuvent être opposés, jusqu'à leur transcription, à des tiers déterminés. Quant au droit que les tiers prétendraient avoir d'opposer ces actes aux parties, l'article n'en parle pas. Il n'empêchera donc point, par exemple, les ayant-cause d'un acheteur d'opposer au vendeur un contrat de vente.

Une défense semblable est-elle dans les art. 28 et 29? — Pas d'avantage. — L'un dit que l'acquéreur n'acquiert, après la transcription, la propriété de l'immeuble aliéné qu'avec les charges qui la grevaient entre les mains de l'ancien propriétaire; et l'autre déclare que la transcription d'une vente conserve au vendeur son privilége.

— Donc, sous l'empire de la loi du 11 brumaire an VII, l'acquéreur d'un immeuble était, avant la transcription de son titre, propriétaire à l'égard de tous les tiers qui n'auraient pas acquis, en contractant avec son auteur, des droits réels sur l'immeuble aliéné, et qui ne les auraient pas conservés, en les publiant conformément aux lois.

Le droit de l'acquéreur était résoluble, il est vrai. Les aliénations et les constitutions d'hypothèques qu'il pouvait faire, n'étaient pas moins valables à l'égard des personnes qui ne pouvaient pas invoquer le bénéfice de l'art. 26. Seulement on verra, dans la suite de ce chapitre, que le vendeur trouvait une protection spéciale dans l'art. 1 de la loi.

87. — Tel était le principe de la loi de bru-

maire, et tel est celui de la loi du 23 mars 1855.

— On dira que le Conseil d'État et le Corps législatif qui ont voulu rétablir, en 1855, le régime de la loi de brumaire, le comprenaient d'une façon différente. Il y a même un passage de l'exposé des motifs de la loi nouvelle, qui suppose que la transcription transfère la propriété à l'égard des tiers. Ce passage est conçu en ces termes :

« L'effet du dessaisissement opéré par la transcription est double à l'égard des tiers, suivant qu'ils tiennent du vendeur ou de l'acquéreur les droits qui frappent l'immeuble objet du contrat. Les tiers, dont les droits procèdent du chef du vendeur, ont dû les manifester avant la transcription, qui purge les charges inconnues que la loi soumettait à la publicité ; la bonne foi de l'acquéreur ne peut plus être surprise. Quant à ceux qui tiennent leurs droits de l'acquéreur, le dessaisissement du vendeur ne s'opère que sous la condition de la conservation de son droit, qui reste protégé par l'art. 2108 du Code Napoléon ; la transcription ne le dessaisit qu'en lui réservant son privilége, et les hypothèques même légales ou judiciaires qui grèvent l'acquéreur ne s'emparent de l'immeuble que sous la condition qui l'a fait entrer dans son domaine, le respect du privilége du vendeur. »

Je répondrai à cette citation que le Conseil d'État et le Corps législatif n'avaient que des idées vagues sur la loi de brumaire. C'est ce que prouve l'art. 6 de la loi de 1855, qui n'était pas dans le projet et qui viole brutalement les principes de l'exposé des motifs. On sait l'histoire de cet article.

— Lorsque le projet, qui ne fixait pas de délai au vendeur pour la publication de son privilége, fut discuté dans la commission du Corps législatif, celle-ci fit observer au Conseil d'État que le vendeur était exposé à perdre sa sûreté. Si le Conseil d'État avait voulu, que la transcription transférât la propriété à l'égard des tiers, il eut répondu que le vendeur ne risquait rien, « puisque la transcription ne le dessaisissait qu'en lui réservant son privilége. » C'est ce qu'il ne fit pas, et il accorda au vendeur un délai qui fut fixé à quarante cinq jours, après de longues négociations.

Ce délai ne prouve-t-il point que le législateur supposait que l'acheteur avait le pouvoir de conférer à des tiers des droits qui nuisissent au vendeur ?

On objectera que, dans la discussion à laquelle ont pris part MM. les conseillers d'État Rouher, Rouland et Suin, on n'a pas parlé de ce changement de principe; qu'un seul orateur, M. Millet, paraît l'avoir remarqué (1); et que les commissaires du gouvernement ont toujours déclaré qu'on rétablissait le régime de la loi de brumaire. Mais il ne faut pas attacher trop d'importance à des discours improvisés sur des matières délicates et subtiles. M. Suin, l'auteur de l'exposé des motifs, n'a-t-il pas dit, dans un même discours, « que l'on attribuait à la transcription le pouvoir de transférer la propriété, » et que, jusqu'à la transcription, le vendeur « était dépossédé et à la merci de son acquéreur (2) » ?

— Ainsi le sens véritable de l'art. 3 de la loi nouvelle est celui de l'art. 26 de loi de brumaire, tel que je l'ai déterminé. Tous les tiers peuvent donc opposer aux parties les actes qui doivent être transcrits, dès qu'ils sont passés. Il n'y a plus même, depuis le Code, une exception en faveur du vendeur, qui n'est plus protégé par une disposition semblable à celle de l'art. 1 de la loi de brumaire.

Si l'on n'admet pas cette interprétation de l'art. 3, il y a une antinomie flagrante entre cette disposition et l'art. 6.

Au contraire, la loi du 23 mars 1855 est logique, si l'on ne la commente pas à l'aide des

(1) *Moniteur* du 17 janvier 1855.

(2) E. L. du 18 janvier 1855.

prétendus principes de la loi du 11 brumaire an VII.

88. — Il me reste à déterminer rigoureusement les tiers auxquels on ne peut opposer les actes qui n'ont pas été transcrits.

On a vu que l'art. 26 de la loi de l'an VII parlait des « tiers qui auraient contracté avec le vendeur et qui se seraient conformés aux dispositions de la présente ; » et que l'art. 3 de la loi de 1855 parle des « tiers qui ont des droits sur l'immeuble et qui les ont conservés en se conformant aux lois. »

Malgré la différence des termes, j'attribuerai la même signification à ces deux articles. Ils ont été faits dans un même esprit qui ressort de ces paroles de M. Ad. de Belleyme : « La transcription est une mesure de défiance. . (1). » Le législateur s'est proposé spécialement de prévenir les manœuvres frauduleuses dont les propriétaires se rendaient coupables à l'égard des personnes qui désiraient acquérir un immeuble ou une hypothèque.

— Aussi je pense que le bénéfice de l'art. 3 ne peut-être invoqué que par les tiers qui auront contracté avec l'ancien propriétaire, afin d'acquérir des droits réels sur les biens aliénés, et qui

(1) *Moniteur* du 15 janvier 1855.

les auront publiés, avant la transcription du premier acte d'aliénation.

Cette règle exclut les personnes qui acquerraient, sur les biens du vendeur, une hypothèque légale ou judiciaire, postérieurement à la vente.

Si l'on s'étonne de cette doctrine, je répondrai qu'elle est confirmée par l'art. 3. Le législateur de 1855 a modifié la rédaction de cet article, afin qu'il fût constant que les créanciers chirographaires ne pourraient pas opposer le défaut de transcription. Or, il serait ridicule de prétendre que ces créanciers sont privés du bénéfice de l'art. 3, s'ils peuvent l'invoquer à la suite d'une simple assignation en reconnaissance d'écriture (art. 2123, C N.).

— Ainsi le seul consentement fait sortir un immeuble du patrimoine d'une personne et le fait entrer dans celui de l'acquéreur, à l'égard :

1° De la femme que l'ancien propriétaire épouserait après l'aliénation ;

2° Des pupilles dont l'ancien propriétaire accepterait la tutelle à la même époque ;

3° De l'Etat, des communes et des établissements publics qui conféreraient alors une fonction de comptable à l'ancien propriétaire ;

4° De tous ses créanciers chirographaires ;

5° De tous les tiers qui prétendraient avoir des droits sur l'immeuble aliéné, sans les tenir de l'ancien propriétaire.

89. — Quant aux tiers qui sont compris dans la règle de l'art. 3, il y a cependant deux exceptions à faire :

1° Pour les personnes qui seraient chargées de faire transcrire par un mandat légal ou conventionnel, et pour leur ayant-cause à titre universel ;

2° Pour les tiers qui contracteraient frauduleusement avec l'ancien propriétaire, et il y aurait fraude, à mon avis, dès qu'il y aurait eu connaissance du premier contrat. La loi veut prévenir, et non favoriser les manœuvres déloyales. On peut appliquer ici ce qu'on disait pour le nantissement dans l'ancien droit : « Comme le dol ne doit jamais tourner à l'avantage de celui qui l'a employé, il y aurait, en ce cas, de l'injustiee à préférer le second acheteur au premier... (1). »

90. — Après avoir dégagé les principes de la matière, je les appliquerai à la solution des questions qui se présenteront le plus souvent dans la pratique.

91. — 1° Qui l'emportera de deux personnes qui ont acquis successivement des droits sur un immeuble et qui n'ont pas fait transcrire leurs titres?

Ce cas est étranger à la loi de 1855. Il faut lui

(1) Merlin. — *Répertoire*, v° *Nantissement*, I.

appliquer les principes du Code Napoléon. L'acquéreur dont le contrat aura la date certaine la plus ancienne, primera l'autre.

92. — 2° Qui l'emportera de deux acquéreurs de droits réels, qui ont fait transcrire ou inscrire, leurs titres successivement?

C'est celui qui a publié son droit le premier, quelque soit la date de son titre; et, à plus forte raison, il en serait ainsi de l'acquéreur qui se serait seul conformé à la loi.

Seulement j'observerai que, dans le cas d'aliénation, l'acquéreur n'est pas tenu de respecter les priviléges généraux et les hypothèques légales ou judiciaires dont la cause est postérieure à la date de son contrat.

— Remarquons que, si un propriétaire aliène son immeuble saisi, après la transcription de la saisie, l'acquéreur transcrirait inutilement son contrat qui serait nul et primé par le jugement d'adjudication (art. 686 C. pr.).

— Si deux acquéreurs transcrivaient leurs titres le même jour, je pense qu'il faudrait régler leur conflit par le principe de l'art. 679 C. Pr., et préférer celui qui aurait présenté son acte le premier.

On sait que l'art. 2147 C. N., donne une règle différente pour les inscriptions hypothécaires, et décide que les créanciers inscrits le même jour exercent leurs droits en concurrence.

Quant au conflit d'une transcription et d'une inscription faites à la même date, il n'est point prévu par la loi, et le juge devra décider d'après les circonstances.

93. — 3° Lorsqu'un immeuble a été vendu à une personne qui le revend, sans faire transcrire son titre, le sous-acquéreur transcrit-il valablement, s'il ne fait pas transcrire son contrat et celui de son auteur?

Si le sous acquéreur est en conflit avec le premier vendeur, il lui suffit d'avoir transcrit son propre contrat, afin de pouvoir l'opposer à l'ancien propriétaire. Celui ci est partie dans la première vente, qui peut lui être opposée avant sa transcription. Il ne peut invoquer le bénéfice de l'art. 3, qu'à l'égard de la revente, en qualité de créancier privilégié du second vendeur.

Si le sous-acquéreur est en conflit avec les ayant-cause du premier vendeur, il aura dû transcrire les deux contrats. Il ne peut, en effet, leur opposer la première vente, sans la faire transcrire. L'art. 3 protége les tiers qui contractent avec l'ancien propriétaire, qu'il y ait une ou plusieurs aliénations du même immeuble.

— On voit que la disposition de l'art. 6 sur le privilége du vendeur est en parfaite harmonie avec les principes de l'art. 3.

94. — 4° Qui l'emportera de l'acquéreur qui n'a

pas transcrit, ou du légataire à titre particulier d'un même immeuble ?

Je pense que le légataire, qui n'a pas contracté avec le vendeur, ne peut pas opposer le défaut de transcription.

95. — 5° Dans quel délai, prescrit le possesseur qui n'a point transcrit ?

S'il est en présence de personnes qui n'ont pas traité avec son auteur, le défaut de transcription ne peut être invoqué dans le débat, qui est jugé d'après les principes du Code.

La question ne s'élève que lorsqu'un premier acquéreur est en conflit avec les ayant-cause de son vendeur.

Je déciderai que cet acquéreur confirme son droit de propriété par une possession de dix à vingt ans, selon la règle de l'art. 2261 C. N. Son contrat qui n'a pas été transcrit ne lui confère que des droits résolubles. Il n'en est pas moins un juste titre de possession qui lui permet de prescrire.

96. — 5° Un acquéreur dont le titre est antérieur de dix jours au jugement déclaratif de la faillite de son vendeur, est-il tenu de respecter l'inscription que les syndics prendraient sur l'immeuble aliéné, avant la transcription de la vente, au nom de la masse des créanciers chirographaires.

Je ne le crois point, puisque le simple consentement fait sortir l'immeuble du patrimoine du vendeur, à l'égard de ses créanciers chirographaires.

M. Troplong professe une opinion contraire. Il reconnait qu'un immeuble n'est plus dans le gage des créanciers chirographaires du vendeur, dès qu'il est vendu; et il n'en déclare pas moins que le jugement déclaratif de faillite donne à ces mêmes créanciers un droit réel sur cet immeuble (1). Je ne comprends pas qu'un jugement confère un droit quelconque à des créanciers sur un bien qui n'est plus leur gage.

97. — 7° Un acquéreur dont le titre est antérieur à la saisie de l'immeuble aliéné est-il tenu de respecter cette saisie, si elle est transcrite avant son titre?

Il est évident, d'après les principes qui précèdent, que la saisie est nulle, si elle est pratiquée par des créanciers chirographaires.

Quant aux créanciers privilégiés ou hypothécaires, je pense qu'il en est de même. Ils doivent exercer leurs droits contre l'acquéreur. Leur privilége n'ôte pas à leur débiteur le droit d'aliéner son immeuble. Et, en supposant que la transcription de la saisie confère aux saisissants des droits réels, ces droits ne naissent pas d'un contrat du

(1) *De la Transcription*, nos 146 et 148.

vendeur. Ils ne permettent donc pas d'invoquer le bénéfice de l'art. 3 de la loi de 1855.

98. — 8° Qui l'emportera des créanciers hypothécaires du vendeur ou de ceux de l'acquéreur, s'ils ont également pris leurs inscriptions avant la transcription de la vente ?

Ce sera les créanciers du vendeur, auxquels on ne peut opposer la vente qui n'a été transcrite que tardivement.

99. — Dans les cas où un acquéreur de droits réels qui n'a pas transcrit en temps utile, se verra dépouillé de la totalité ou d'une partie de ses droits, il aura un recours contre le propriétaire qui devra lui payer des dommages et intérêts.

Cependant je ferai une exception pour l'héritier qui ignore les contrats de son auteur et qui aliène une seconde fois le même immeuble ou le grève d'hypothèques nouvelles. L'héritier n'est coupable d'aucune fraude. Le premier acquéreur doit s'en prendre à lui-même de sa négligence.

§ 2.

100. — D'après l'art. 1743 C. N. :

« Si le bailleur vend la chose louée, l'acquéreur ne peut expulser le fermier ou le locataire qui a un bail authentique ou dont la date est certaine, à moins qu'il ne se soit réservé ce droit par le contrat de bail. »

Ainsi l'acquéreur était tenu de respecter les baux qui avaient une date certaine et antérieure à l'aliénation, pour toute leur durée. On pense généralement qu'il n'était obligé que si le locataire ou le fermier étaient déjà en jouissance. Mais cette doctrine qui ne se fonde que sur le mot : *expulser*, me paraît être contraire à l'esprit de la loi.

101. — Ces principes du Code ont été modifiés par le second paragraphe de l'art. 3 de la loi de 1855.

Les baux qui n'ont pas été transcrits, ne peuvent plus être opposés, pour une durée de plus de dix-huit ans, aux tiers qui ont contracté avec le propriétaire, afin d'acquérir des droits réels sur l'immeuble loué.

Il faut remarquer que les preneurs n'ont qu'un droit personnel, et que les acquéreurs de droits réels peuvent leur opposer leurs contrats avant qu'ils soient transcrits, puisque le bénéfice de l'art. 3 ne peut être invoqué que par les « tiers qui ont des droits sur l'immeuble. »

102. — La loi de 1855 ne fixe pas le point de départ des dix-huit ans, pour lesquels on peut opposer aux tiers des baux qui n'ont pas été transcrits.

Il faut les faire courir à mon avis du jour du contrat translatif de droits réels.

Cette solution est conforme à la lettre de la loi et n'expose jamais le preneur à des surprises désastreuses.

— Dans le cas de renouvellements de baux, je déciderai également que les tiers ne les subiront jamais pour une durée de plus de dix-huit ans.

103. — Il s'élève des questions délicates dans l'application des nouveaux principes sur le contrat de louage.

104 — 1° Comment régler le conflit d'un acquéreur et d'un preneur qui a fait un long bail ?

Si le bail est passé et transcrit avant la vente, il est opposable à l'acheteur, pour toute sa durée.

S'il est passé avant la vente et transcrit après elle, il n'est opposable que pour dix-huit ans.

S'il est passé et transcrit après la vente, il est nul.

— Je viens de supposer une vente volontaire. Les règles ne sont pas les mêmes en cas de saisie. L'art. 684 C Pr. décide que :

« Les baux qui n'auront pas acquis date certaine avant le commandement pourront être annulés, si le créancier ou l'adjudicataire le demandent »

Ainsi les créanciers et l'adjudicataire ont le droit de critiquer un bail qui aurait date certaine, si cette date était postérieure au commandement, lors-même que ce bail serait transcrit avant la saisie ou le jugement d'adjudication.

105. — 2° Comment régler le conflit d'un preneur et d'un créancier hypothécaire?

Si le bail est passé et transcrit avant l'inscription de l'hypothèque, le créancier devra le subir pour toute sa durée.

S'il est passé avant ou après, et transcrit après l'inscription de l'hypothèque, il ne sera opposable au créancier que pour une durée de dix-huit ans. Il importe peu que le bail soit passé avant ou après l'inscription, parce qu'une constitution d'hypothèque ne prive pas un propriétaire du droit d'administrer son immeuble. Et c'est ici l'inscription et non la constitution de l'hypothèque dont il faut considérer la date, puisque c'est l'inscription seule qui confère un droit réel au créancier.

106. — 3° Quant au conflit de deux preneurs, il se règle par les principes du Code, puisque les preneurs ne peuvent invoquer le bénéfice de l'art. 3.

107. — Il est évident que le preneur, qui est expulsé avant la fin de son bail, a un recours contre le propriétaire avec lequel il a contracté (art. 1719, 3° C. N.). Celui-ci devait prévenir les tiers qui traitaient avec lui, afin d'acquérir un droit

réel sur l'immeuble loué. Il aurait ainsi sauvegardé les droits de son preneur.

108.—L'art. 3 de la loi de 1855 ne parle point des cessions ou quittances de loyers, ou fermages non échus, qui n'ont pas été transcrites.

Sont-elles nulles, ou opposables pour la somme équivalente à trois années de loyers ou de fermages ?

C'est cette dernière solution qui me paraît la meilleure. En principe, toutes les conventions sont valables, à moins que la loi ne prononce leur nullité. Le silence de l'art, 3 ne peut pas fournir un argument *à contrario*, qui permette de violer les règles fondamentales de notre droit (C).

II

109. — Il résulte de l'art. 3 de la loi du 23 mars 1855, qu'un propriétaire peut constituer des hypothèques conventionnelles sur son immeuble, jusqu'à la transcription de l'acte d'aliénation.

Quant aux priviléges généraux et aux hypothèques légales ou judiciaires qui frappent les biens

C. — Je rappelle ici que la loi du 23 mars 1855 ne s'applique pas aux actes et aux jugements qui sont antérieurs au 1er janvier 1856. — « Leur effet est réglé par la législation sous l'empire de laquelle ils sont intervenus. » (Art. 11.)

d'une personne, elles ne frappent point un immeuble aliéné, dès que leur cause est postérieure à l'aliénation.

110. — Les autres effets de la transcription sur les priviléges et les hypothèques sont nombreux et importants.

Je les étudierai successivement :

I. Quant à la conservation du privilége du vendeur ;

II. Quant à la perte du droit de suite ;

III. Quant à la perte du droit de préférence ;

IV. Quant à la procédure de la purge ;

V. Quant à la prescription des priviléges et des hypothèques.

J'expliquerai l'art. 7 de la loi de 1855, sur l'action résolutoire, à la suite des développements que je donnerai sur le privilége du vendeur. Ces deux droits sont d'une nature très-différente. Cependant la loi de 1855 établit entre eux une solidarité qui m'engage à les rapprocher dans la même section de ce chapitre.

I. PRIVILÉGE ET ACTION RÉSOLUTOIRE DU VENDEUR.

111. — L'art. 2108 C. N. est conçu en ces termes :

« Le vendeur privilégié conserve son privilége par la transcription du titre qui a transféré la propriété à l'acquéreur, et qui constate que la totalité ou partie du prix lui est due ; à l'effet de quoi la transcription du contrat faite par l'acquéreur vaudra inscription pour le vendeur et pour le prêteur qui lui aura fourni les deniers payés, et qui sera subrogé aux droits du vendeur par le même contrat : sera néanmoins le conservateur des hypothèques tenu, sous peine de tous dommages et intérêts envers les tiers, de faire d'office l'inscription sur son registre, des créances résultant de l'acte translatif de propriété, tant en faveur du vendeur qu'en faveur des prêteurs, qui pourront aussi faire faire, si elle ne l'a été, la transcription du contrat de vente, à l'effet d'acquérir l'inscription de ce qui leur est dû sur le prix. »

Cette disposition reproduit l'art. 29 de la loi du 11 brumaire an VII, et n'en diffère que par les conséquences qu'elle attribue à l'inscription d'office.

— On décidait, sous la loi de brumaire, que cette inscription était nécessaire à l'efficacité du privilége. Aussi l'on peut dire que, dans ce système, la transcription ne conservait rien, puisqu'elle était impuissante, sans une inscription qui eut suffi. Seulement la transcription de la vente obligeait le conservateur des hypothèques, à inscrire d'office les créances du vendeur ou de ses ayant-cause, qui pouvaient demander, en cas de négligence, des dommages et intérêts.

Sous l'empire du Code, le défaut d'inscription

ne nuit plus au vendeur ou à ses ayant-cause, mais aux tiers qui ont contracté avec l'acheteur ; c'est eux qui doivent maintenant exercer un recours contre le consérvateur des hypothèques, lorsque celui-ci n'a pas obéi à l'art. 2108.

Je ne pense pas que l'inscription d'office ait besoin d'être renouvelée selon la règle de l'art. 2154 C. N. Le défaut absolu de cette formalité ne priverait pas le vendeur ou ses ayant-cause de leur privilége. Il est impossible d'admettre que le défaut de renouvellement produise cet effet.

112. — L'art. 2108 ne fixe pas le délai dans lequel on doit transcrire ou inscrire le privilége du vendeur, et ce silence à fait naître des systèmes divers que je rappellerai, après avoir déterminé la portée de l'art. 29 de la loi de brumaire.

113. — Les auteurs les plus graves enseignent que, sous la loi de brumaire, le privilége du vendeur était conservé nécessairement. Tarrible établit ce point en ces termes : «... La transcription, qui seule transmettait la propriété à l'acquéreur, valait inscription au profit du vendeur et conservait son privilége (1) ». Et ce raisonnement serait irréprochable, si l'art.

(1) MERLIN. — *Repertoire*, v° *Privilege de creance*, V.

26 avait le sens qu'on lui attribue généralement.

Seulement on ne comprend plus, dans cette théorie, pourquoi le législateur a accordé un privilége, et non une hypothèque légale au vendeur, puisque son droit n'aurait jamais rétroagi. On a trouvé, je le sais, une utilité à ce privilége pour le cas où il y aurait des hypothèques inscrites le jour de la transcription (1). Mais il est évident que le législateur n'a point prévu cette espèce, lorsqu'il décidait que les créanciers privilégiés seraient préférés « aux autres créanciers, quoique *antérieurs* en hypothèques ». (Art. 1).

Au contraire, si l'on prête à l'art. 26 le sens littéral que je lui donne, l'art. 1 de la loi de brumaire s'applique parfaitement au privilége du vendeur L'acquéreur d'un immeuble peut l'hypothéquer, dès que la vente est parfaite, et ses ayant-cause peuvent opposer au vendeur le contrat de mutation, sans qu'il soit transcrit. Si le vendeur n'en prime pas moins les créanciers hypothécaires de l'acheteur, c'est en vertu de la nature des priviléges.

114. — On dira que ce privilége est un démembrement de la propriété que le vendeur re-

(1) M. VALETTE.— *De l'effet ordinaire de l'inscription* (2 °éd.). p. 12 et 13.

tient sur l'immeuble aliéné, et que l'acheteur ne saurait compromettre (1).

Je ne puis admettre cette opinion qui contredit, à mon sens, les principes théoriques du droit et les dispositions formelles de la loi de brumaire.

— En premier lieu, je conteste que le privilége soit un démembrement de la propriété, puisqu'il renferme des éléments, qui ne se trouvent pas dans le droit du propriétaire sur sa chose.

La faculté de saisir un immeuble et de le vendre aux enchères n'est, si l'on veut, qu'une forme particulière du droit d'aliéner. Mais le droit de surenchérir et de garder la totalité ou une partie du prix de l'immeuble, de préférence aux autres créanciers du propriétaire, est évidemment étranger au droit de propriété et incompatible avec lui. Le privilége est nécessairement l'accessoire d'une créance, et il n'est personne qui puisse être son propre créancier.

Il est vrai que le vendeur est dans une position spéciale, quant au droit de préférence, puisqu'il l'exerce à l'encontre des créanciers de l'acheteur, qui n'avaient pas de droit sur le prix de l'immeuble, avant qu'il eut été vendu. Aussi le vendeur pourrait *retenir* le droit de conserver ce prix, de

(1) *E. L.*, p. 8-11.

préférence aux créancier de l'acheteur, bien que son privilége ne soit pas un démembrement de son ancien droit. Mais il n'en est pas de même du droit de surenchérir, qu'il n'acquiert qu'à l'instant où il cesse d'être propriétaire de l'immeuble vendu, et où il devient créancier de l'acheteur.

— Au reste, la loi de brumaire confirme les idées théoriques qui précèdent, quand elle déclare que le privilége n'a d'effet que par sa publication (art. 2). Lorsqu'une personne retient l'usufruit de l'immeuble qu'elle aliène, elle n'a pas besoin de la transcription pour que l'acheteur ne puisse nuire à son droit. Il devrait en être de même pour le privilége du vendeur, s'il était un démembrement de la propriété.

M Valette, qui professe la théorie que je combats, ombe, si je ne me trompe, dans une contradiction manifeste. Il prétend que « le bon sens dit que les créanciers de l'acquéreur, quelque favorable que puisse être leur rang hypothécaire, ne peuvent entamer la portion de droit que l'auteur de la mutation s'est réservée ; » et cependant il admet que, sous la loi de brumaire, « le privilége dépendait de l'existence de l'inscription » d'office, « sauf le recours du vendeur contre le conservateur négligent (1). » Les créanciers de

(1) *E L.*, p. 11, 13 et 14

l'acheteur pouvaient donc, dans un cas, entamer la portion de droit que l'auteur de la mutation s'était réservée.

— Ainsi, puisque le privilége du vendeur n'est ni un démembrement de la propriété, ni un droit retenu par l'ancien propriétaire sur l'immeuble qu'il aliéne, le vendeur ne primait, sous la loi du 11 brumaire an VII, les créanciers hypothécaires de l'acheteur, qu'en vertu de la nature de son privilége (art. 1).

Quant aux personnes qui auraient acquis de l'acheteur un droit réel, qui n'eût pas été une hypothèque, ils auraient triomphé du vendeur pourvu qu'ils eussent transcrit leurs droits avant qu'il n'eut publié le sien (art. 26).

Il s'en suit que le vendeur eut vainement publié son privilége, après la transcription d'une revente.

115. — L'art. 2106 C. N., a profondément modifié la nature des priviléges sur les immeubles. Il déclare que ces droits, qui sont préférables aux hypothèques, d'après l'art. 2095, n'ont d'effet « qu'à compter de la date » de leur inscription. J'en conclus que le privilége du vendeur ne prime plus que les hypothèques d'une date identique ou postérieure à la sienne, puisqu'il n'est pas dans les exceptions qu'annonce l'art. 2106.

La jurisprudence et la doctrine ont reculé devant cette conséquence, et les tribunaux et la plupart des auteurs n'ont pas tenu compte de la disposition de l'art. 2106 sur la date. Ils ont permis au vendeur de publier son privilége dans les délais de l'art. 834, C. Pr., et ils ont attribué un effet rétroactif à cette publication. Mais je ne saurais adopter cette manière pétrorienne d'interpréter les lois.

A mon avis, le vendeur pouvait, sous l'empire du Code Napoléon et du Code de Procédure, publier son privilége jusqu'au quinzième jour qui suivait la transcription de la revente; mais cette publication ne produisait pas d'effet rétroactif.

— Il est des auteurs qui ont donné des interprétations différentes des art. 2106 et 2108. C'est ainsi que des jurisconsultes, parmi lesquels je citerai M. Hureaux, ont soutenu que le Code Napoléon consacrait les prétendus principes de la loi de brumaire sur la transmission de la propriété par la transcription, et que, puisque le privilége du vendeur était publié à l'instant où l'acheteur devenait propriétaire, il était nécessairement conservé (1). Dans un autre système, on a reconnu que le Code rejetait les principes de la loi de brumaire, puisque l'art. 91 du projet avait

(1) M. Hureaux. — *Études sur le Code civil* (1847-1853) II°, n° 127, etc.

disparu ; mais on en a conclu que l'art. 2108 était implicitement abrogé, et que le privilége du vendeur était dispensé de publicité (1).

Je n'insisterai pas sur ces opinions qui supposent à l'art. 26 de la loi de brumaire un sens que je ne saurais admettre et que j'ai longuement combattu.

116. — La loi du 23 mars 1855 déroge aux dispositions de nos Codes sur le privilége du vendeur. Son art. 6 les modifie textuellement. D'une part, il supprime les art. 834 et 835 C. Pr. ; et, de l'autre, il déclare que le vendeur peut inscrire utilement son privilége dans les quarante-cinq jours de l'acte de vente « nonobstant toute transcription d'actes faits dans ce délai. »

Il suit de la suppression de l'art. 834, que le vendeur ne peut plus publier son privilége après la transcription d'une revente.

Cette règle ne souffre d'exception que lorsque la revente est faite dans les quarante-cinq jours de la vente ; parce que la loi attribue un effet rétroactif à l'inscription prise dans ce délai.

— L'art. 6 parle de l'*inscription* du privilége du vendeur. Il ne faut pas croire qu'il entende abroger la disposition de l'art. 2108 sur l'effet de la

(1) M. Valette. — *De l'effet ordinaire de l'inscription*, p. 80-82.

transcription. Le contraire ressort des travaux préparatoires de la loi.

117. — Quand aux relations du vendeur et des créanciers hypothécaires de l'acheteur, la loi de 1855 ne les change pas en termes formels, puisque l'art. 6 dit : «... nonobstant toute *transcription* d'actes,..,» et se tait sur les inscriptions hypothécaires.

Je n'en pense pas moins qu'il est conforme aux intentions du législateur, d'appliquer la règle de l'art. 6 à l'égard de tous les ayant-cause de l'acheteur.

C'est ainsi qu'on évitera les conséquences fâcheuses de l'art. 2108, que la jurisprudence et la doctrine ont voulu prévenir par la violation manifeste de cet article. Si l'on n'accepte point ce tempérament, le vendeur sera nécessairement primé par les créanciers de l'acheteur, qui auront une hypothèque légale ou judiciaire au moment de la vente. Les rédacteurs du Code Napoléon ont montré la même imprévoyance dans l'art. 2108 et dans l'art. 1070.

—Au reste, s'il m'appartenait de donner un avis aux vendeurs d'immeubles, je leur conseillerais d'insérer dans leurs contrats une clause qui déclarerait que la propriété de l'immeuble vendu ne serait transférée à l'acheteur que par la transcription de l'acte du mutation.

118. — Le Code de commerce aggrave la po-

sition du vendeur qui a contracté avec une personne qui tombe en faillite. Il peut perdre son privilége, lorsqu'il ne transcrit que dans les dix jours qui précèdent le jugement déclaratif de la faillite à moins qu'il ne se trouve dans les quinze jours de la vente. Cette disposition est d'autant plus sévère que les priviléges de l'action résolutoire du vendeur sont devenus solidaires depuis la loi de 1855.

119. — L'art. 7 de cette loi est ainsi conçu :

« L'action résolutoire établie par l'art. 1654 du Code Napoléon ne peut être exercée après l'extinction du privilége du vendeur, au préjudice des tiers qui ont acquis des droits sur l'immeuble du chef de l'acquéreur, et qui se sont conformés aux lois pour les conserver. »

L'art. 1654 prévoit le cas où l'acheteur ne paie, pas le prix et n'est qu'une application du principe de l'art. 1184, d'après lequel il y a une condition résolutoire sous-entendue dans tous les contrats synallagmatiques, pour le cas où l'une des parties « ne satisfera point à son engagement. »

120. — Sous l'empire du Code, la jurisprudence décidait que l'action du vendeur était réelle, et qu'il pouvait la diriger contre les tiers-détenteurs, lors même qu'il aurait perdu son privilége par sa négligence.

Cette action se prescrivait par trente ans,

quant à l'acheteur, et par dix à vingt ans, quant aux tiers.

Il est inutile de dire qu'elle diminuait singulièrement la sûreté des transactions puisqu'elle n'était manifestée par aucun signe extérieur.

— C'est pourquoi la loi nouvelle a subordonné l'existence de l'action résolutoire à celle du privilége. Les créanciers antichrésistes, privilégiés ou hypothécaires de l'acheteur sont avertis de tous les droits du vendeur par la même formalité. La transcription conserve tout à la fois le privilége et l'action résolutoire de l'ancien propriétaire de l'immeuble.

— On peut étendre cette règle à tous les contrats qui suivent les règles de la vente ; tels que les échanges dans les cas où les soultes ne seraient pas payées.

Mais il n'en est pas de même à l'égard des donations et du droit qu'ont les donataires de les révoquer pour cause d'ingratitude.

121.—Si le vendeur n'a pas transcrit le contrat d'aliénation dans les quarante-cinq jours de la vente, et si l'acheteur constitue, avant cette transcription, un droit de servitude, d'usage ou d'habitation ou une hypothèque sur l'immeuble aliéné, le vendeur pourra exercer son action résolutoire, mais à la charge de respecter les droits qui grèvent l'immeuble par le fait de son acheteur.

En effet, il n'a perdu son privilége et son action résolutoire, qu'à l'égard des ayant-cause de l'acheteur qui ont publié leurs droits avant la transcription de la vente.

122. — L'art. 717, C. Pr., qui a été modifié en 1838, restreint encore les droits du vendeur au cas d'une saisie immobilière.

Il décide que « l'adjudicataire ne pourra être troublé dans sa propriété par aucune demande en résolution fondée sur le défaut de payement du prix des anciennes aliénations, à moins qu'avant l'adjudication la demande n'ait été notifiée au greffe du tribunal où se poursuit la vente.

» Si la demande a été notifiée en temps utile, il sera sursis à l'adjudication, et le tribunal, sur la réclamation du poursuivant ou de tout créancier inscrit, fixera le délai dans lequel le vendeur sera tenu de mettre à fin l'instance en résolution. — Le poursuivant pourra intervenir dans cette instance.

« Ce délai expiré, sans que la demande en résolution ait été définitivement jugée, il sera passé outre à l'adjudication, à moins que, pour des causes graves et dûment justifiées, le tribunal n'ait accordé un nouveau délai pour le jugement de l'action en résolution. »

Ainsi, dans le cas de saisie immobilière, il se peut que le vendeur perde son action résolutoire, bien qu'il ait transcrit avant l'adjudication et qu'il conserve son privilége (D).

D. — L'art. 6 de la loi de 1855 s'applique aux actes antérieurs au 1er janvier 1856.

Quant aux vendeurs qui avaient perdu leur privilége à cette

II. PERTE DU DROIT DE SUITE.

123.—L'art. 2166 C. N., qui commence le chapitre *De l'effet des Priviléges et Hypothèques contre les tiers-détenteurs*, déclare que les créanciers privilégiés ou hypothécaires ne conservent leur droit de suite que par l'inscription de leur privilége ou de leur hypothèque. Il importe donc de savoir jusqu'à quel moment, ils peuvent accomplir cette formalité. C'est un point sur lequel la législation française a souvent varié.

Je vais l'étudier successivement à l'égard :

1° Des aliénations volontaires ;

2° Des adjudications ;

3° Des expropriations pour cause d'utilité publique.

§ 1.

124. — Sous la loi du 11 brumaire an VII, les créanciers pouvaient inscrire leurs priviléges et leurs hypothèques, jusqu'au jour de la transcription du contrat qui faisait sortir l'immeuble des biens de leur débiteur.

— Sous le Code Napoléon, le cours des inscriptions fut arrêté à la date du contrat lui-même.

époque, ils ont eu un délai de six mois pour conserver leur action résolutoire, en la faisant inscrire au bureau des hypothèques (art. 11).

Ce régime avait l'inconvénient d'être clandestin et de nuire au Trésor public, qui ne percevait plus les droits de transcription.

— Aussi le Code de Procédure changea cet état de choses, et permit aux créanciers de s'inscrire jusqu'au quinzième jour qui suivrait la transcription de l'acte d'aliénation.

Une constitution d'hypothèque n'en était pas moins nulle, lorsqu'elle était postérieure à l'aliénation, puisque celle-ci transfèrait immédiatement la propriété au tiers-acquéreur.

125.—Le premier paragraphe de l'art. 6 de la loi de 1855 a posé une règle nouvelle :

» A partir de la transcription, les créanciers privilégiés ou ayant hypothèque, aux termes des articles 2123, 2127 et 2128 du Code Napoléon, ne peuvent prendre utilement inscription sur le précédent propriétaire. »

Cette disposition est un retour partiel aux principes de la loi de brumaire, car elle ne modifie pas les règles du Code sur les hypothèques légales de la femmes, des mineurs et des interdits. Elle se tait également sur les hypothèques légales qui sont soumises à la nécessité d'une inscription. Je n'en pense pas moins que ces dernières sont régies par notre article.

126.—Je vais appliquer cet article aux diverses espèces de priviléges et d'hypothèques :

— 1° *Priviléges généraux de l'art.* 2101.

Ces priviléges sont dispensés d'inscription. Quand au droit de préférence, et non quant au droit de suite ; et ils ne sont pas opposables aux tiers-acquéreurs, s'il n'ont pas été inscrits avant la transcription du contrat d'aliénation.

2° *Privilége du vendeur et de ses ayant-cause.*

— Je ne reviendrai pas sur ce que j'en ait dit dans la section précédente.

3° *Privilége des cohéritiers et copartageants.*

— Une disposition spéciale de l'art. 6 permet d'inscrire utilement ce privilége dans les quarante-cinq jours de l'acte de partage, « nonobstant toute transcription d'actes faits dans ce délai. »

Quant aux rapports des cohéritiers et des copartageants avec les créanciers hypothécaires de l'un d'eux, ils sont réglés par les art. 2109 et 2113 C. N.

4° *Privilége des architectes, des ouvriers ou de leurs ayant-cause.*

Ce privilége se conserve par une double inscription. Le procès-verbal qui constate l'état des lieux doit être publié avant le commencement des travaux, et le procès-verbal de réception, avant la transcription de l'acte de mutation. C'est, au moins, la solution qui me paraît la plus conforme aux termes de l'art. 2110 C. N.

Cependant, si l'aliénation avait lieu, dans les

six mois de la perfection des travaux et avant la rédaction du second procès-verbal. Je pense que l'inscription du premier suffirait pour conserver le privilége.

5°. *Priviléges de l'État.*

— La règle de l'art. 6 s'applique à ces droits dans toute sa rigueur.

6°. *Hypothèques qui sont dispensées d'inscription.*

— Ces hypothèques restent en dehors des prescriptions de la loi nouvelle.

7°. *Hypothèques qui doivent être inscrites.*

— Elles ne peuvent être inscrites après la transcription de l'acte d'aliénation, qu'elles soient légales, judiciaires ou conventionnelles,

§ 2.

127. — Sous l'empire du Code de Procédure, la jurisprudence admettait que l'adjudication sur saisie immobilière purgeait les hypothèques inscrites.

— Depuis la loi du 23 mars 1855, les créanciers hypothécaires ont pu s'inscrire jusqu'à la transcription du jugement d'adjudication.

— Cette doctrine a été confirmée, en termes formels, par la loi du 21 mai 1858.

L'art. 717 C. Pr. renferme actuellement la disposition suivante.

« Le jugement d'adjudication dûment transcrit purge toutes les hypothèques et les créanciers n'ont plus d'action que sur le prix. »

—L'art. 717 va même plus loin que la jurisprudence n'osait aller, puisqu'il comprend dans sa règle les hypothèques légales. On sait, en effet, que les femmes, les mineurs et les interdits sont maintenant liés à la saisie. Ils y sont appelés par un exploit d'huissier ou par la voie des journaux (Art. 692 et 696 C. Pr.)

Cependant la transcription du jugement d'adjudication ne fait perdre que leur droit de suite aux femmes, aux mineurs et aux interdits qui n'auront pas pris une inscription antérieure.

§ 3.

128. — La loi du 3 mai 1841, sur l'*Expropriation pour cause d'utilité publique* ne permet de s'inscrire aux créanciers privilégiés ou hypothécaires des propriétaires qu'on exproprie, que dans les quinze jours qui suivent la transcription du jugement d'expropriation (art. 17). Cette disposition est-elle encore en vigueur? Je le pense, puisque la loi du 23 mars 1855 reste étrangère, à mon avis, aux jugements d'expropriation pour cause d'utilité publique.

Au contraire, je soumets aux prescriptions de

cette loi les cessions amiables que les propriétaires font à l'administration ; je les assimile aux actes translatifs de propriété immobilière, dont parle l'art. 1.

D'ailleurs, les créanciers inscrits n'ont pas le droit de surenchérir ; ils n'ont d'action que sur le montant de l'indemnité, et ils peuvent seulement demander que cette indemnité soit fixée par le jury dans le cas d'une expropriation à l'amiable.

— Les femmes, les mineurs et les interdits ne perdent que cette faculté d'exiger l'intervention du jury, lorsqu'ils ne s'inscrivent pas dans les délais légaux.

III. PERTE DU DROIT DE PRÉFÉRENCE.

129. — Les droits de suite et de préférence ne sont pas solidaires ; mais ils se perdent également, dans la plupart des cas, par suite du défaut d'inscription.

Aussi la transcription d'un acte d'aliénation, qui purge les hypothèques qui devraient être inscrites, fera le plus souvent perdre le droit de préférence des créanciers privilégiés ou hypothécaire qui sont tenus de publier leurs droits.

Il n'y a pas même d'exception pour les créanciers privilégiés qui se trouvent encore, à l'instant de la transcription, dans les délais que la loi leur accorde pour inscrire leurs priviléges. (Art. 2109 C. N.; art. 3 de la loi du 5 septembre 1807, *Sur les frais de justice*; art. 5 de la loi du 5 septembre 1807, *Sur les biens des comptables*.)

— La transcription produit un effet spécial à l'égard des créanciers qui demandent la séparation des patrimoines; elle leur fait perdre leur droit de préférence, le seul que je leur reconnaisse.

130. — Cependant il y a des cas où la transcription prive les créanciers de leur droit de suite, et non de leur droit de préférence :

1° Dans le cas d'aliénation volontaire, les créanciers de l'art. 2101 C. N., peuvent se faire colloquer sur le prix de vente, tant qu'il n'a point été payé par l'acquéreur ou que l'ordre fait entre les créanciers n'a point été homologué. (Cf., art. 2198 C. N.)

2° Dans le cas d'adjudication sur saisie, l'art. 717 C. Pr. dit que les femmes, les mineurs et les interdits conservent leur « droit de préférence sur le prix .. à la condition de produire, avant l'expiration du délai fixé par l'art. 754, dans le cas où l'ordre se règle judiciairement, et de faire valoir leurs droits avant la clôture, si l'ordre se règle amiablement, conformément aux art. 751 et 752. »

3° Dans le cas d'expropriation pour cause d'u

tilité publique, les femmes, les mineurs et les interdits conservent leurs droits « sur le montant de l'indemnité, tant qu'elle n'a pas été payée ou que l'ordre n'a pas été réglé définitivement entre les créanciers. » (Art. 17 de la loi du 3 mai 1841.)

IV. PROCÉDURE DE LA PURGE.

131. — D'après l'art. 2181, la transcription de l'acte de mutation est la première formalité de la purge. Cette disposition se rattache au principe que le projet du titre *Des priviléges et hypothèques* établissait dans son art. 91. Avant de purger, l'acquéreur devait rendre impossibles des aliénations et des constitutions d'hypothèques nouvelles.

L'art. 2181 a repris sa raison d'être depuis la loi du 23 mars 1855.

— C'est après la transcription de son titre, que l'acquéreur doit demander au conservateur des hypothèques l'état des inscriptions des priviléges et des hypothèques qui grèvent son immeuble. L'art. 2198 C. N. décide que les créanciers omis dans le certificat du conservateur, n'ont pas d'action contre le nouveau propriétaire, s'il a transcrit avant de demander l'état des inscriptions Ils ne conservent que leur recours contre le conservateur négligent, et le droit « de se faire colloquer suivant l'ordre qui leur appartient, tant que le prix n'a pas été payé par l'acquéreur ou tant que l'ordre fait entre les créanciers, n'a pas été homologué. »

V. PRESCRIPTION DES PRIVILÉGES ET DES HYPOTHÈQUES.

132. — L'art. 2180 C. N., après avoir énuméré la prescription parmi les diverses causes d'extinction des priviléges et des hypothèques, ajoute :

« La prescription est acquise au débiteur, quant aux biens qui sont dans ses mains, par le temps fixé pour la prescription des actions, qui donnent l'hypothèque ou le privilége.

« Quant aux biens qui sont dans la main d'un tiers-détenteur, elle lui est acquise par le temps réglé pour la prescription de la propriété à son profit ; dans le cas où la prescription suppose un titre, elle ne commence à courir que du jour où il a été transcrit sur les registres du conservateur. »

Cette dernière disposition se rattache également au principe de l'art. 91 du projet. La prescription courait de l'instant où le cours des inscriptions était arrêté. Dans le système définitif du Code, cette règle n'était qu'une preuve de la négligence des rédacteurs.

III.

133. — La transcription de la saisie immobi-

lière est exigée, afin d'avertir les créanciers privilégiés ou hypothécaires du saisi que l'immeuble qui est grevé de leurs droits, sera vendu aux enchères publiques, et qu'ils doivent veiller à la conservation de leurs priviléges et de leurs hypothèques.

Ce n'est là pourtant qu'un des effets de cette transcription.

134.—Cette formalité détermine, dans certains cas, l'avoué qui doit poursuivre l'expropriation.

L'art. 719, C. Pr. dit :

« Si deux saisissants ont fait transcrire deux saisies de biens différents, poursuivies devant le même tribunal, elles seront réunies sur la requête de la partie la plus diligente, et seront continuées par le premier saisissant. »

Le premier saisissant est l'avoué qui a fait transcrire le premier.

— L'art. 720 C. Pr. donne une règle analogue pour le cas de deux saisies, dont la seconde est plus ample que la première ; le second saisissant sera tenu de dénoncer sa saisie au premier, qui poursuivra les deux.

135.—La transcription de la saisie immobilise également les fruits des biens saisis. L'art. 682, C. Pr. établit cette règle pour les fruits naturels, et l'art 685, pour les fruits civils. Ces fruits deviennent l'accessoire de l'immeuble, et leur valeur est exclusivement distribuée entre les créanciers privilégiés ou hypothécaires.

Cependant une saisie-brandon qu'un créancier chirographaire ferait avant la transcription de la saisie immobilière, empêcherait l'immobilisation des fruits naturels compris dans cette saisie.

136 —Enfin, l'art 686, C. Pr. est conçu en ces termes :

« La partie saisie ne peut, à compter du jour de la transcription de la saisie, aliéner les immeubles saisis, à peine de nullité, et sans qu'il soit besoin de la faire prononcer. »

Il ne faudrait pas prendre cet article à la lettre, et croire que l'aliénation qui serait faite par le saisi, après la transcription de la saisie, serait radicalement nulle. Elle le serait, si la saisie suivait son cours, et se terminait par une adjudication ; et elle ne pourrait alors être opposée au poursuivant, aux créanciers privilégiés ou hypothécaires et à l'adjudicataire. Mais si la saisie était interrompue, et que l'adjudication n'eût pas lieu, l'aliénation serait valable.

Ce qui le montre, c'est que l'art. 687, C. Pr. permet à l'acquéreur de consolider son droit, en acquittant toutes les créances privilégiées ou hypothécaires et celle du créancier saisissant, lors-même qu'elle serait chirographaire.

— On décide généralement que le saisi conserve

le droit d'hypothéquer l'immeuble, qu'il ne peut plus aliéner, et une disposition contraire qui se trouvait dans le projet de la loi du 2 juin 1841, a été formellement rejetée.

Cependant la défense d'hypothéquer me paraît ressortir du rapprochement de l'art. 2124, C. N. et de l'art. 686, C. Pr. Puisque « les hypothèques conventionnelles ne peuvent être consenties que par ceux qui ont la capacité d'aliéner les immeubles qu'ils y soumettent, » le saisi qui ne peut aliéner, ne peut pas hypothéquer. Cette conséquence se déduit des principes.

Aussi je pense que les créanciers inscrits ou poursuivants auraient le droit de faire annuler les hypothèques constituées après la transcription de la saisie. Les créanciers privilégiés ou hypothécaires pourront empêcher ainsi, dans certains cas, l'ouverture d'une procédure d'ordre (art. 773 C. Pr.). Quant aux saisissants, qui seraient chirographaires, leur intérêt est manifeste.

APPENDICE.

157. — Je terminerai ce travail par un mot sur les mentions prescrites par l'art. 4 de la loi du 23 mars 1855

Ce sont de simples renseignements que la loi

veut procurer aux tiers, sans qu'il puissent exercer un recours en dommages et intérêts, lorsque l'absence de ces mentions les a induits en erreur.

Seulement l'avoué qui est coupable de négligence, est passible d'une amende de cent francs.

POSITIONS.

I. DROIT ROMAIN.

1. — Les actions n'ont jamais entraîné que des condamnations pécuniaires sous le régime de la procédure formulaire.

2. — Les interdits ont toujours entraîné l'exécution directe et forcée sous le régime de la procédure formulaire.

3. — Le fr. 68 *de Rei Vindicatione* (D. VI. I.), dont la dernière phrase a été ajoutée par les compilateurs du Digeste, se rapportait à un interdit dans le commentaire d'Ulpien *ad Edictum*.

4. — L'origine probable de la procédure des interdits est dans les *decreta* des actions de la loi.

---

5. — Le mariage n'était parfait que lorsque la femme était mise en la possession de son mari.

6. — Les servitudes prédiales continuèrent, sous Justinien, à s'éteindre par le non-usage.

7. — Les textes qui mettent, en cas de vente, les risques à la charge du vendeur, supposent une faute de la part de ce dernier.

8. — Le cas unique dont parle le paragraphe 2 du titre *de Actionibus*, dans les Instituts de Justinien (IV. VI.), est celui du propriétaire qui repousse l'action Publicienne par l'exception *justi dominii.*

II. DROIT FRANÇAIS.

1° DROIT CIVIL.

1.— Il n'est pas nécessaire de transcrire les donations d'un droit de servitude, d'usage ou d'habitation.

2.— Il est nécessaire de transcrire toutes les transactions qui sont relatives à des immeubles.

3.— Dans le cas d'aliénations successives, le dernier acquéreur doit transcrire tous les contrats qui ne l'ont pas été, s'il veut les opposer aux ayant-cause du premier vendeur.

4.— Les héritiers d'un donateur ne peuvent pas opposer le défaut de transcription de la donation.

5. — L'application littérale de l'art. 1070 C. N. serait contraire à l'esprit de cet article.

6. Les tiers dont parle l'art. 3 de la loi du 13 mars 1855, sont ceux qui ont contracté avec l'ancien propriétaire, afin d'acquérir un droit réel sur l'immeuble aliéné, et qui ont publié leurs droits conformément aux lois.

7. — Le privilége n'est pas un démembrement de la propriété.

—

8. — Un enfant naturel peut être reconnu après sa mort.

9. — Le légataire universel n'est pas tenu des dettes de son auteur *ultra vires successionis*.

10. — Il n'y a que les immeubles dotaux qui soient inaliénables.

2° DROIT PÉNAL.

1. — La loi française ne prévoit et ne punit pas le duel.

2. — La loi française permet de discuter et de juger librement tous les actes des personnes qui ne sont plus.

3° HISTOIRE DU DROIT.

1. — On doit chercher l'origine du retrait lignager et de la réserve coutumière, dans les droits que les coutumes germaines reconnaissaient à la famille sur les biens de tous ses membres.

2. — L'annalité des actions possessoires provient des principes du droit germanique sur la *Gewere*.

4° DROIT DES GENS.

1. — L'étranger jouit en France de tous les droits civils que la loi n'attribue pas exclusivement aux Français.

2. — L'étranger divorcé, dont la loi d'origine permet le divorce, peut se remarier en France.

Vu par le Président,
L. de Valroger.

Vu par le Doyen,
C. Pellat.

Permis d'imprimer :

Le Vice-Recteur,
Artaud.